全国干部学习培训教材

QUANGUO GANBU XUEXI PEIXUN JIAOCAI

U0508907

加快推进
国防和军队现代化

全国干部培训教材编审指导委员会组织编写

人民出版社

党建读物出版社

序　言

面对复杂严峻的国际形势，面对艰巨繁重的改革发展稳定任务，想一帆风顺推进我们的事业是不可能的。可以预见，前进道路上，来自各方面的困难、风险、挑战肯定会不断出现，关键看我们有没有克服它们、战胜它们、驾驭它们的本领。全党同志特别是各级领导干部要有本领不够的危机感，以时不我待的精神，一刻不停增强本领。只有全党本领不断增强了，"两个一百年"奋斗目标才能实现，中华民族伟大复兴的中国梦才能梦想成真。

好学才能上进，好学才有本领。中国共产党人依靠学习走到今天，也必然要依靠学习走向未来。各级领导干部要勤于学、敏于思，坚持博学之、审问之、慎思之、明辨之、笃行之，以学益智，以学修身，以学增才。要努力学习各方面知识，努力在实践中增加才干，加快知识更新，优化知识结构，拓宽眼界和视野，着力避免陷入少知而迷、不知而盲、无知而乱的困境，着力克服本领不足、本领恐慌、本领落后的问题。

各地区各部门各单位要认真组织干部学好用好这批教材，帮助广大干部深入学习领会党的十八大和十八届三中、四中全会精神，深入学习贯彻党中央的战略部署和工作要求，不断增强中国特色社会主义道路自信、理论自信、制度自信，不断提高知识化、专业化水平，不断提高履职尽责的素质和能力。

2015 年 1 月 18 日

目 录

CONTENTS

着眼实现中华民族伟大复兴的中国梦
加快推进国防和军队现代化

实现中华民族伟大复兴，是中华民族近代以来最伟大的梦想。它凝聚了中国人民不懈追求国家独立、民族自强的世代夙愿，寄托着中国人民振兴中华、强国富民的共同意愿。但是，中华民族伟大复兴绝不是轻轻松松、顺顺当当就能实现的，我们越发展壮大，遇到的阻力和压力就会越大，面临的外部风险就会越多。国防和军队建设是国家安全的坚强后盾。没有一个巩固的国防，没有一支强大的军队，和平发展就没有保障。习近平提出的实现中华民族伟大复兴的中国梦是强国梦，也是建设强大人民军队的强军梦。加快推进国防和军队现代化建设，实现党在新形势下的强军目标，是国家富强、民族复兴的必然要求，是全国各族人民的共同事业。

◇　**建设与我国国际地位相称、与国家安全和发展利益相适应的巩固国防和强大军队，是我国现代化建设的战略任务**

落后就要挨打，发展才能自强，这是中国人民从近代以后苦难遭遇中得出的重要结论。在中国，求发展的实质，就是努力实现现代化。1954年召开的第一届全国人民代表大会就提出要实现工业、农业、交通运输业和国防四个现代化，1956年这一总任务被写入中国共产党第八次全国代表大会通过的党章，后来我们党又完整提出四个现代化，即工业、农业、国防和科技现代化。改革开放以来，我们党在坚持以经济建设为中心的同时，坚定不移推进国防现代化。在我国社会主义建设和改革进程中，中国共产党始终把建立巩固国防作为国家现代化的战略任务，把建设强大人民军队作为党的不懈追求。

当前和今后一个相当长的历史时期，实现"两个一百年"奋斗目标、实现中华民族伟大复兴的中国梦，始终是我们党和国家的根本战略目标。作为一个发展中的新兴大国、世界第二大经济体和联合国安理会常任理事国，我们前所未有地靠近世界舞台中心，前所未有地接近中华民族伟大复兴的目标，前所未有地具有实现这个目标的能力和信心。同时也要看到，随着我国的发展壮大，必将引发国际战略力量对比的改变，带来国际格局的调整。我国有着不同于西方文明的中华文明，坚持不同于资本主义的社会主义，践行不同于强权政治的平等互信、包容互鉴、合作共赢精神。西方敌对势力打心眼里不愿看到社会主义中国发展壮大。我们越发展，敌对势力就越会加大对我国推行西化、分化战略力度，千方百计对我国进行战略遏制和围堵，挑动一些好事者跳出来搅局，试图凭借实力优势来干扰我国发展，甚至妄想用武力来打断我国的现代化进程。

当前，我国国家安全的内涵和外延比历史上任何时候都要丰富，时空领域比历史上任何时候都要宽广，内外因素比历史上任何时候都要复杂。周边领土主权和海洋权益争端不断升温，大国地缘战略竞争日趋激烈，恐怖主义、分裂主义、极端主义活动日益猖獗，国家利益正在从领陆、领海、领空向深海、太空、电磁、网络空间扩展延伸，维护国家统一、领土主权、海洋权益和发展利益的任务更加艰巨。随着我国日益走向世界、融入世界，国家利益已远远超出国境。根据国家统计局 2013 年国民经济和社会发展统计公报，截至 2013 年年底，我国在国外累计投资存量达 6604.8 亿余美元，世界排名第 11 位，对外贸易依存度 45.4%，原油进口依存度达 57.3%，铁矿石进口依存度 36%。海外能源资源、海上战略通道安全以及海外公民、法人等安全问题日益凸显。可以预料，在我国由大向强发展的前进道路上，将面临前所未有的挑战和考验。我们必须贯彻总体国家安全观，统筹内部安全和外部安全、国土安全和国民安全、传统安全和非传统安全、生存安全和发展安全、自身安全和共同安全，积极应对国家安全面临的新挑战。

现阶段我国发生大规模外敌入侵的战争可能性不大，但因外部因素引发局部战争和武装冲突的可能性不能低估。现在，我们维护国家安全的手段和选择增多了，但千万不能忘记，军事手段始终是保底的手段，强军才能卫国，强国必须强军。我军现代化水平与国家安全需求相比还有很大差距，与世界军事强国相比还有很大差距。要克服民族复兴之路上的重重障碍，使中华民族的安全和发展利益不为各种势力所撼动，就必须以只争朝夕的精神推进国防和军队现代化，不断拓展军队使命任务的范围和领域，努力提升军队发挥作用的手段和方式，加快建设与我国国际地位相称、与国家安全和发展利益相适应的巩固国防和强大军队。

◇ 加快推进国防和军队现代化最根本的是坚持党的军事指导理论

党的军事指导理论是我军不断发展壮大、始终立于不败之地的科学指南。它是我们党坚持把马克思主义基本原理同中国革命战争和人民军队建设实践相结合的产物，是具有中国特色的马克思主义军事理论，集中反映了中国革命战争、国防和军队建设的成功经验和内在规律。毛泽东军事思想，正确解决了在半殖民地半封建社会的历史条件下，建设无产阶级性质的新型人民军队，夺取武装斗争胜利，以及在取得政权后如何建立现代国防的重大问题。邓小平新时期军队建设思想，正确解决了在和平与发展成为时代主题、我国实行改革开放的历史条件下，走中国特色的精兵之路，建设强大的现代化正规化革命军队的重大问题。江泽民国防和军队建设思想，主要回答了在世界新军事变革蓬勃进行、我国社会主义市场经济深入发展的历史条件下，积极推进中国特色军事变革，保证人民军队打得赢、不变质的重大问题。胡锦涛国防和军队建设思想，主要回答了在世界大发展大变革大调整、我国全面建设小康社会的历史条件下，推进国防和军队建设科学发展、全面履行新世纪新阶段军队历史使命的重大问题。这些理论成果，着眼解决不同历史条件下军事实践面临的实际问题，不断深化我们党对国防和军队建设特点规律的认识，极大地丰富了马克思主义军事理论宝库，为国防和军队现代化提供了强大的思想武器。

党的十八大以来，习近平站在历史和时代的高度，着眼坚持和发展中国特色社会主义、实现中华民族伟大复兴的中国梦，围绕国防和军队建设提出了一系列重大战略思想、重大理论观点、重大决策部署，进一步深刻阐明了国防和军队建设带有根本性方向性全局性的重大问题。主要包括：增强忧患意识、危机意识、使命意识，认清国防和军队建设重要地位和作用，自觉担当起维护国家主权、安全、发展利益重大责任；统筹经济建设和国防建设，推动军民融合深度发展，努力实现富国和强军相统一；加强对战争问题研究筹划，推动军事战略创新发展；实现党在新形势下的强军目标，建设一支听党指挥、能打胜仗、作风优良的人民军队；从思想上政治上组织上建设和掌握部队，确保部队绝对忠诚、绝对纯洁、绝对可靠；按照打仗标准搞建设抓准备，确保部队召之即来、来之能战、战之必胜；把作风建设作为基础性长期性工作抓紧抓实，始终保持我军光荣传统和优良作风；牢固树立战斗力这个唯一的根本的标准，坚持把战斗力标准贯彻到全军各项建设和工作之中；坚定不移深化国防和军队改革，构建中国特色现代军事力量体系等。习近平关于国防和军队建设的重要论述，与毛泽东军事思想、邓小平新时期军队建设思想、江泽民国防和军队建设思想、胡锦涛国防和军队建设思想既一脉相承又与时俱进，丰富发展了党的军事指导理论，是新形势下强军兴军的科学指南，是国防和军队建设改革的根本遵循。

◇ 在全面建成小康社会进程中努力实现富国和强军相统一

富国和强军，是发展中国特色社会主义、实现中华民族伟大复兴的两大战略基石。经济建设是国防建设的基本依托，只有国家经济实力增强了，国防建设才有更大的发展。国防建设是我国现代化建设的战略任务，只有把国防建设搞上去了，经济建设才能有更加坚强的安全保障，同时加强国防建设对经济社会发展也具有重要拉动作用。在全面建成小康社会的决定性阶段，努力在更高水平上实现富国和强军的统一，是走好强军之路、打牢民族复兴之基的内在要求。

坚持富国和强军相统一，首先要正确处理经济建设与国防建设的关系。统筹经济建设与国防建设，是新中国成立后我们党的一贯做法。早在20世纪50年代，毛泽东就提出要一手抓经济、一手抓国防。80年代，邓小平提出国防建设要服从服务于国家经济建设大局。90年代，江泽民提出国防建设与经济建设两头兼顾、协调发展。进入新世纪，胡锦涛提出要在全面建设小康社会进程中实现富国和强军的统一。党的十八大后，习近平对统筹好国防建设与经济建设提出新要求，更加强调依托综合国力显著增强的有利条件，加快推进国防和军队现代化，努力推动国防实力与经济实力同步发展。

富国和强军，二者犹如车之双轮、鸟之双翼，相互依存、相互支撑。我国正处于并将长期处于社会主义初级阶段，我国社会的主要矛盾仍然是人民日益增长的物质文化需要同落后的社会生产之间的矛盾。我们要坚定不移贯彻发展是硬道理的战略思想，坚持以经济建设为中心，集中精力谋发展。国防和军队建设，必须放在实现中华民族伟大复兴这个大目标下来认识和推进，服从和服务于这个国家和民族最高利益。同时，要从确保国家现代化建设的安全环境、维护领土主权和海洋权益的战略高度，深刻把握世界军事发展新趋势和国家安全发展新需求，逐步增加国防投入，不断提高国防和军队现代化水平。

坚持富国和强军相统一，关键在于推动军民融合深度发展。当前，科技革命、产业革命和新军事革命迅猛发展，国防与经济社会、军用技术与民用技术的结合面越来越广，融合度越来越深，军队信息化建设和信息化作战对经济、科技和社会发展的依赖性空前增强。建立军民融合式发展体系，已成为世界主要国家的共同政策取向。我国高新技术产业和信息化迅猛发展、经济结构调整步伐加快，特别是社会主义市场经济体制不断完善和中国特色军事变革不断深入，对军民结合、寓军于民提出了新的要求，也提供了更为有利的条件。坚持军民融合式发展，既有利于国防和军队现代化建设从经济建设中获取更加深厚的物质支撑和发展后劲，也有利于经济建设从国防和军队现代化建设中获得更加有力的安全保障和技术支持。要按照党的十八大和十八届三中全会的要求，立足于实现党在新形势下的强军目标，注重从体制机制上解决军民融合式发展存在的矛盾和问题，努力形成全要素、多领域、高效益的军民融合深度发展格局。

强军梦是官兵的梦、军队的梦，更是国家的梦、民族的梦。中国梦包含强军梦，强军梦支撑中国梦。在实现中华民族伟大复兴的征程中加快推进国防和军队现代化，需要党政军民齐动手，人民国防全民建，切实聚合强军兴军的正能量，夯实民族复兴的奠基石。

第 一 章

国际战略形势和国家安全环境

正确判断战略形势和安全环境，是谋划国防和军队建设的根本前提和要求。当今世界，求和平、谋发展、促合作已成为不可阻挡的时代潮流，国际形势保持总体和平、缓和、稳定的基本态势，我国发展仍处于可以大有作为的重要战略机遇期。但天下仍很不太平，国际战略竞争日趋激烈，局部冲突和地区热点此起彼伏，传统与非传统安全挑战交织互动，国家安全问题的综合性、复杂性和多变性明显上升。

第一节　国际体系进入加速演变
和深度调整时期

冷战结束 20 多年后，世界多极化、经济全球化深入发展，世界正在经历重大深刻变化。特别是进入新世纪以来，"9·11"事件、阿富汗战争、伊拉克战争、国际金融危机、西亚北非局势动荡等一系列具有全局性和战略性影响的重大事件，对国际政治经济格局产生深远影响，表明国际体系正处在大变革大调整之中。

◇　一、国际力量此消彼长，世界多极化更加明朗

国际政治经济发展的不平衡，决定了国际力量消长是人类历史的必然和常态。当前，国际力量对比的南升北降态势明显，美国等西方发达国家整体实力相对下降，新兴市场国家和发展中大国群体性崛起对西方在国际格局中的地位产生重大冲击，非国家行为体大量涌现并日益成为国际舞台上的重要力量，世界面临前所未有的大变局。美国因阿富汗战争、伊拉克战争和国际金融危机实力受到削弱，国内生产总值（GDP）占世界经济比重已由 2001 年的 31.8% 降至 2012 年的 21.4%。欧盟和日本面临公共债务沉重、社会改革滞后、经济增长乏力、人口老龄化等诸多难题，相对衰退进程仍在持续。西方发达国家继续保持国际体系的主导地位，经济总量仍占世界经济总量的近一半，但影响国际关系和操控国际事务的战略能力逐步下降。新兴市场国家和发展中国家整体实力不断增强，2013 年经济总量首次超过发达国家。2013 年，发展中国家还提供了超过 50% 的全球经济增长率和 40% 的全球投资，吸引直接外资超过发达国家。据国际货币基金组织数据显示，2012 年中国、俄罗斯、印度、巴西、南非金砖五国经济总量占全球经济总量的 21%，2016 年这一比例预计将达到 22.1%。国际力量对比的这一重大变化，有利于推动建立公正合理的国际政治经济新秩序和世界多极化的发展。

◇　二、世界经济缓慢复苏，全球化在曲折中前行

冷战后经济全球化浪潮高涨，极大地促进了世界经济发展。技

术、资本、产品、信息和人才在全球范围内自由流动和配置，加深了各国经济的相互联系和相互依赖。主要大国利益的深度依存，对大国之间的全面对抗形成了强有力的制约。但也要看到，经济全球化在推动生产力发展的同时，也加剧了世界发展不平衡的矛盾，给世界带来新的不安全和不稳定。2008 年国际金融危机的发生，暴露了资本主义经济体制长期积累的深层次弊端，也暴露了经济全球化条件下世界经济长期积累的深层次矛盾，对世界经济格局以及政治、安全形势产生深刻影响。当前，世界经济形势总体朝好的方向发展，但国际金融危机深层次影响仍未消除，不稳定不确定因素依然突出。西方发达经济体经济呈现复苏态势，但高失业率和高债务等结构性问题远未解决。一些新兴经济体面临的外部风险和压力增大，经济增速放缓。国际资本流动的方向发生逆转，国际贸易增长接近停滞，贸易保护主义升温，经贸摩擦政治化倾向抬头。国际金融危机暴露出经济全球化与全球经济治理机制间的深刻矛盾，但经济全球化不会因国际金融危机而停止。国际经济结构和产业布局面临新的重大调整，科学技术孕育着新的创新突破，全球治理机制改革要求更加强烈，新兴市场国家和发展中国家更加积极参与全球治理。各国经济发展方式创新、全球经济治理机制改革，正在成为全球经济领域的焦点、难点和重点。

◇ 三、主要大国加紧战略调整和运筹，全球和地缘战略角逐加剧

当前，各种国际力量加快分化组合，大国关系进入全方位角力新阶段。国际体系的调整，实质是权力和利益的再分配。主要大国

面向未来加紧战略调整和运筹，围绕国际秩序、综合国力、地缘政治、战略空间等的竞争更趋激烈。美国进一步调整全球战略的地区布局，巩固拓展跨大西洋联盟和亚太军事同盟体系，战略重心加速向亚太地区转移，强化对亚太、中东事务的主导权，发展各种伙伴关系，加快推进跨太平洋战略经济伙伴关系协定（TPP）和跨大西洋贸易与投资伙伴关系协定（TTIP）谈判。俄罗斯大力推进欧亚联盟建设，巩固在独联体的主导地位，加强与新兴国家关系，积极抵御北约东扩，在乌克兰问题上与美欧的战略较量加剧。欧盟深化一体化建设，极力维持国际地位，在国际事务中与美国保持协调，加大对新兴国家的重视。主要大国普遍进入军事战略全面调整期、军事变革持续深化期、高新武器快速发展期，大力发展海、空、天、网等新型作战力量，研制更先进无人、隐形侦察打击武器装备，以争夺军事技术和武器装备发展的战略优势。大国战略竞争正在向极地、深海、网络、太空等空间延伸，这些战略"新疆域"是资源的富集地和联通全球的纽带，也是掌控未来、威慑和打击对手的战略制高点。战略"新疆域"主导权的得失，很大程度上关乎21世纪大国的兴衰成败。与此同时，主要大国竞争与合作、防范与借重同步发展，以大规模战争改变现行国际体系的可能性较低，各国携手共同应对全球性挑战的需求不断扩大。

◇ 四、国际安全风险和变数增多，武装冲突和战争的威胁现实存在

国际关系深刻调整，大国关系保持总体稳定，维护和平、制约战争的因素不断增长，世界大战的风险继续降低。但是，国际关系

中发达国家与发展中国家的主要矛盾依然存在并有新的表现，霸权主义、强权政治和新干涉主义有所上升，局部动荡频繁发生，世界依然面临着现实和潜在的战争威胁。多种安全威胁交织互动，传统安全威胁不降反升，非传统安全威胁持续上升，国际安全风险和变数明显增多。进入新世纪以来，世界上局部战争和武装冲突连绵不断，先后发生了阿富汗战争、伊拉克战争、黎以冲突、俄格冲突、利比亚战争等。这表明，一些国家仍然把军事力量作为谋取政治、经济和战略利益的重要手段。西方发达国家不会轻易放弃国际体系既得权力和利益，在经济衰退背景下依然通过对外军事干预谋取战略利益。西亚北非部分国家局势持续动荡，美国等西方国家对利比亚内战的干涉呈现新的特点，北约首次在防区外以空中打击改变地面力量对比的方式颠覆别国政权。民族、宗教矛盾和边界、领土争端导致的局部冲突时起时伏，中东、非洲仍是武装冲突的主要爆发区，叙利亚内战、巴以冲突、伊拉克教派冲突不断升级，中非共和国、马里、南苏丹内战频发。国际恐怖主义依然猖獗，重大恐怖事件不断发生，正在向全球化、长期化和高技术化方向发展。非洲继中东之后成为恐怖主义活动高发区，欧美国家本土恐怖主义威胁上升，一些新兴市场国家成为国际恐怖主义的重要目标国。

第二节　我国周边安全环境复杂严峻

我国是陆地大国也是海洋大国，拥有 2.2 万多公里陆地边界、1.8 万多公里大陆海岸线、主张管辖海域 300 万平方公里，同 14 个陆地邻国接壤、8 个国家海上相邻或相向，周边还有一些虽不接壤但同属东南亚、南亚、中亚近邻的国家。我国是世界上邻国最多、陆地边界最长、跨界民族最多的国家之一。周边是我国安身立命之所、发展繁荣之基，是我们必争必保必稳之地。当前我国周边安全环境总体稳定，睦邻友好、互利合作是周边国家关系的主流。同时也要看到，一段时间以来，我国周边很不平静。随着国际地缘政治经济重心进一步东移和美国全球战略调整，我国周边安全环境不稳定不确定因素明显增多，面临的风险和挑战复杂严峻。

◆〉知识链接 〉

　　我国现有陆地邻国 14 个，分别为蒙古、俄罗斯、朝鲜、越南、老挝、缅甸、尼泊尔、不丹、印度、巴基斯坦、阿富汗、塔吉克斯坦、吉尔吉斯斯坦、哈萨克斯坦。海上邻国除朝鲜和越南陆地相邻外，还有韩国、日本、菲律宾、马来西亚、文莱、印度尼西亚等 6 个国家。目前，我国与陆上邻国边境领土争议问题尚未完全解决，与周边一些国家还存在岛礁归属和海洋权益争议问题。

◇　一、亚太战略格局进入深度调整期

　　亚太新兴市场国家和发展中大国快速兴起，亚太经济持续成为拉动世界经济恢复和增长的主引擎，国际地缘政治经济重心正在从跨大西洋地区加速转向亚太地区。各种利益和矛盾错综复杂，各主要力量纷纷加大战略投入，亚太地区正在成为国际战略竞争和博弈的一个焦点。美国在战略上收缩战线、突出重点、重心东移，实

施"亚太再平衡"战略，强化地区军事部署，注重经济和区域合作议题，力图牢牢掌握对亚太事务的控制权。俄罗斯推出"东方战略"，加大对亚太和远东的关注，加强核力量和海空军力在东部方向部署。日本政治右倾化加剧，加快修宪强军进程，挑动钓鱼岛和历史问题，挑战战后国际秩序，图谋牵制我国。印度坚持战略东向，力推"印太"战略和"独立"外交，发展与中俄关系，深化与美日合作，"再亚太化"态势明显。澳大利亚国家安全战略聚焦亚太，将亚太视为国家安全与繁荣的重点区域，强调抓住机遇深度融入亚太。东盟在加强自身一体化进程的同时，努力推进"10+X"机制，力图成为大国战略博弈的平衡者。亚太主要大国既相互借重又相互防范，战略利益深度交融、战略矛盾难以回避、战略互动日益频繁、战略竞争趋向复杂，都想利用地区战略格局深刻变化的时机实现自身利益最大化，一些中小国家也试图在大国博弈间趁机渔利，导致地区战略博弈呈现复杂多变态势。

❖ 二、美国"亚太再平衡"战略向纵深发展

美国已将我国的快速崛起特别是军事力量的现代化，视为影响地区乃至世界格局的重要变量，以及可能撼动美国全球主导地位的重要因素。为强化对亚太地区的战略控制，美国高调宣示重返亚太地区，推行"亚太再平衡"战略，规制和防范、遏制和牵制多手并用。这里固然有分享亚洲发展红利的考虑，但针对我国的战略指向非常明显，目的是防止美国一超独霸地位受到挑战，维护其在亚太的主导权。美国这一战略以新的地缘设计作为基石，由以往聚焦于东亚和太平洋，向南亚和印度洋拓展，确立太平洋和印度洋新"两

洋"战略。将盟友与伙伴关系再平衡作为支柱,按照"北固南拓"的思路,提升与日本、韩国、澳大利亚、泰国、菲律宾传统军事同盟关系的质量,发展与印度尼西亚、越南、新加坡、印度的新型伙伴关系。突出军事再平衡这个重点,加强在亚太的军事存在和活动领域,调配 60% 的海空力量强化亚太前沿部署,深化亚太军事同盟,实施空海一体战作战构想,在东亚地区频繁开展更具威慑性和针对性的联合军演,深度介入地区安全事务。以经济再平衡作为基础,力图把亚太地区经济合作置于美国主导的跨太平洋经济伙伴关系协定架构之下,确立和强化美国在地区经济格局中的主导地位。美国持续推进"亚太再平衡"战略,对亚太地缘战略格局和我国周边安全环境产生深刻影响。

◆◆〉**知识链接** 〉

　　美国国防部于 2009 年提出空海一体战概念,2010 年在其《四年防务评估报告》中明确要求制定空海一体战构想,2011 年成立空海一体战办公室。空海一体战以海上、空中、太空、网络力量为主实施高度一体化联合作战,分为两个阶段:第一阶段,主要对作战对手战斗网络实施致盲攻击,全面瘫痪其作战体系,摧毁其远程打击系统尤其是以基地为主的导弹力量和海、空力量。第二阶段,主要遂行持久战、实施远程封锁作战、保持后勤保障能力、扩大工业生产等,支持美国打赢长期的常规战争。

✧ 三、周边热点问题和局部动荡复杂多变

朝鲜半岛局势等热点问题升温。朝鲜政权实现过渡后继续推行"先军政治",提出经济发展与核武器并举的国家发展战略,两次卫星发射和第三次核试验引发东北亚局势复杂演变。美国继续推动美日韩军事合作,美韩保持高强度高密度军演态势。朝鲜与美韩的对立状态短期内难以根本改变,朝鲜半岛和东北亚局势充满变数。朝鲜半岛局势涉及我国重大战略利益,我们不可能置身事外。我国坚持不战、不乱、无核的目标,积极劝和促谈,坚决维护朝鲜半岛和平稳定。在美军逐步撤离阿富汗的背景下,中亚地区恐怖主义、分裂主义、极端主义活动日益猖獗,我国周边恐怖主义势力存在反弹可能,防止"三股势力"渗透破坏、维护西部边境地区安全稳定的压力上升。周边军事安全因素趋于突出,地区军备竞赛有所抬头。据瑞典斯德哥尔摩国际和平研究所报告,亚洲军费总额在2012年历史性地超过欧洲。近年来亚太地区跨国联合军事演习密集进行,多项指标创历史新高。领土主权和海洋权益争端加剧,围绕发展利益的竞争和摩擦增加,区域合作模式和主导权之争更加激烈。一些周边国家进入转型期,外部势力介入力度加大,内外因素致使多国政局动荡不已,内外政策摇摆性增大。

✧ 四、我国海上安全环境更趋复杂

随着海洋战略地位作用的凸显,亚太海洋权益竞争逐步升温,海军军备竞赛势头有增无减,海上热点问题不断发生,岛屿主权和海

洋权益争端日趋尖锐。我国海上安全环境复杂而严峻，对国家安全战略全局的影响更加突出。美国竭力维护亚太海洋霸权、加紧对我国进行海上战略围堵，一些亚洲国家不断侵蚀侵犯我国岛屿主权和海洋权益，我国南海、东海维权形势同步趋紧、紧密联动，遏制与反遏制、侵权与反侵权的斗争将长期存在。周边相关国家纷纷制定和实施具有扩张性的海洋战略，在钓鱼岛、南海等岛屿归属和海域划界问题上接连发难。南海争端进一步发展，菲律宾先是挑起黄岩岛争端，后又制造仁爱礁事件。越南通过《海洋法》，将西沙、南沙纳入其领土范围。目前，在南沙被控岛礁中，我国实际控制的只有 8 个，其余 43 个分别为越南、菲律宾、马来西亚等国占据。日本政府通过"购买"方式非法宣布钓鱼岛"国有化"，在钓鱼岛问题上执意同我国对峙，强硬应对我国设立东海防空识别区，并以"中国对日本'离岛防卫'

▼ 飞行编队南海上空巡逻　　　　　　　　　　（解放军画报社提供　沈玲／摄）

构成威胁"为基本假想，强化联合机动军事力量建设、组建登岛夺岛部队，企图利用钓鱼岛危机突破"集体自卫权"的法律束缚。中日总体力量发生逆转，日本焦虑感加重，安全战略和军事战略的外向性、进攻性明显增强。总体看，我国维护海洋权益的斗争趋于常态化、长期化，海上方向面临前所未有的安全压力。

第三节　维护国家安全统一和社会稳定任务艰巨繁重

改革开放 30 多年来，我国综合国力、核心竞争力、抵御风险能力显著增强，国际地位和国际影响力显著提高，人民生活显著改善，社会大局保持稳定。我国现在比任何时期都更加接近中华民族伟大复兴的目标，比任何时期都有信心、有能力实现这个目标。但也要看到，国家正处于全面建成小康社会关键期、改革开放攻坚期、社会矛盾凸显期，经济社会问题相互叠加，人民内部矛盾和其他矛盾相互交织，国内问题和国际问题相互传导，政治安全和社会稳定面临新的严峻挑战。

◇　一、社会制度和意识形态斗争长期复杂

坚持中国特色社会主义制度，事关党的前途命运，事关国家兴衰存亡。我国作为当今世界最大的社会主义国家，在社会制度、意识形态等方面都与西方国家不同。这就决定了我们同西方国家的斗争和较量必然是长期的、复杂的，有时甚至是十分尖锐的。西方敌对势力凭借经济、科技优势加紧对我国实施西化、分化战

略，千方百计进行意识形态渗透，攻击我们的政治制度和发展模式，国家面临的反渗透、反分裂、反颠覆斗争尖锐复杂。敌对势力大肆宣扬西方"宪政民主"，企图否定中国共产党的领导，否定中国特色社会主义制度；宣扬西方所谓"普世价值"，企图动摇中国共产党执政的思想理论基础；宣扬"新自由主义"，企图改变我国基本经济制度；宣扬"历史虚无主义"，企图否定中国共产党历史和新中国历史。我们同西方敌对势力在意识形态领域的斗争，实质上是两种制度模式、两种价值观的较量，也是话语权、软实力的争夺。特别是敌对势力把我军作为渗透重点，极力鼓吹"军队非党化、非政治化"和"军队国家化"，妄图把我军从党的旗帜下拉出去。无论是从国际战略格局还是从意识形态上，西方敌对势力都决不希望看到我们这样一个社会主义大国顺利实现和平发展。我们越是发展壮大，他们就越会焦虑，就越要加大对我国实施西化、分化战略的力度。对他们的政治图谋，我们必须高度警惕，始终保持战略清醒和战略定力，决不能天真，决不能抱任何幻想。

◇ 二、反分裂反颠覆斗争形势更加严峻

近年来两岸关系取得重大积极进展，持续呈现和平发展势头。两岸在反对"台独"、坚持"九二共识"基础上增进政治互信，开展对话协商，就全面实现两岸直接双向"三通"、推进经济金融合作等达成一系列协议。但影响台海局势稳定的根源并未消除，"台独"分裂势力人还在、心不死，分裂祖国的危险始终存在。台湾当局大力推进军事转型、加快整军备战步伐，两岸建立军事安全互信机制仍受多种

因素制约。美国以台制华战略没有根本改变，美台军事关系有实质性发展。未来台海形势发生逆转的可能性难以完全排除，促进两岸关系和平发展、实现祖国完全统一依然任重道远。"东突""藏独"分裂势力对国家安全和社会稳定造成严重危害。达赖集团加紧在国际国内进行分裂活动，包括策划自焚事件等，以达到破坏稳定、迟滞发展和分裂祖国的目标。"东突"民族分裂势力暴力化倾向进一步加剧，与境外极端势力相互勾结、变本加厉制造暴力恐怖事件，包括在新疆策划多起恶性安全事件。2014年，"3·01"昆明火车站严重砍杀暴力恐怖事件、"4·30"乌鲁木齐火车南站爆炸案、"5·22"乌鲁木齐沙依巴克区公园北街早市爆炸案等，造成多人伤亡。"民运""法轮功"邪教组织等敌对势力加紧进行各种破坏、颠覆活动，竭力煽动制造非法聚集事件甚至重大政治性事件。一些受到境外敌对势力支持的个人和社会组织也蠢蠢欲动，打着所谓"维权"的旗号对群众进行挑唆和煽动。这些分裂势力和暴力活动有着很深的政治因素和历史因素，我们与分裂势力的斗争必将是长期的、复杂的。

◇ 三、经济社会转型期各种社会矛盾凸显

改革开放以来，我国经济社会快速发展，但仍处于并将长期处于社会主义初级阶段，发展不平衡、不协调、不可持续问题依然突出，保障和改善民生工作压力较大。特别是随着国家经济体制深刻变革、社会结构深刻变动、利益格局深刻调整、思想观念深刻变化，人民内部各种具体利益矛盾十分复杂，教育、就业、社会保障、医疗、住房、生态环境、食品药品安全、安全生产、社会治安等引发的社会问题日益突出，群体性事件和个人极端事件时有发生。根据

中国社会科学院发表的《2013年中国社会形势分析与预测》数据显示，近年来每年因各种社会矛盾而发生的群体性事件数量大幅上升。经济社会问题是孕育危机事件的温床，呈现出敏感点多、触发点低、风险性大、突发性强等特点，在内外因素作用下容易快速积聚引爆并迅速扩散升级，成为影响经济发展和社会稳定的重要因素。部分基层组织和社会管理职能部门不能积极适应社会阶层分化、社会群体增多、社会流动加剧的新情况，化解社会矛盾能力不高，加强社会管理办法不多，公正廉洁执法形象不好，社会管理潜藏着诸多风险隐患，维护社会和谐稳定任务繁重艰巨。

◇ 四、网络对政治安全和社会稳定威胁与日俱增

伴随着信息革命和全球网络化加速发展，我国进入了信息网络高速发展阶段。网络化在给经济社会发展注入巨大活力的同时，也给维护政治安全和社会稳定带来新型安全挑战。现在，现实世界和虚拟世界安全相互影响，敌对势力把互联网、手机等新兴媒体作为寻衅滋事和扩散升级社会矛盾的重要渠道。在境内外一些

2005—2013年中国网民规模和互联网普及率

别有用心的势力策划和推动下，一些传言、谣言、谎言在网络上快速传导，扰乱人心。国际反华势力利用非政府组织、宗教团体和文化艺术作品进行全方位网上思想渗透，借助新兴媒体炒作热点敏感问题，质疑中国共产党执政合法地位，抹黑领导人和政府形象，煽动社会对立情绪，挑拨民族宗教关系。互联网已经成为舆论斗争的主战场，网上渗透与反渗透、破坏与反破坏、颠覆与反颠覆的斗争复杂尖锐。同时，日益上升的网络依赖度也使我国经济社会运行潜藏重大安全风险。我国网络化水平不断提升，金融、能源、交通、通信等重要行业，大中型城市基础设施，大中型企业生产经营，都高度依靠信息网络管理控制。但信息网络安全建设明显滞后，安全监管缺乏有效手段。特别是核心信息技术受制于人，部分行业高端信息网络设备 100% 采用国外产品，核心芯片 90% 以上为外国制造，系统软件 80% 以上属国外开发。敌对势力平时可以窃取重要情报，危机时和战时可能对基础设施和支柱行业发起大规模网络攻击，导致经济社会运行各个方面陷入混乱甚至瘫痪。

第四节　非传统安全威胁呈上升趋势

进入新世纪以来，我国面临的安全挑战更加多元和复杂。传统安全威胁依然存在，非传统安全威胁不断上升。非传统安全威胁具有突发性、联动性、跨国性特征，与传统安全威胁相互影响，可能引发综合性安全问题。能源资源安全、恐怖主义、粮食安全、水安全、海外人员和资产安全等非传统安全威胁，已经成为影响国家安全和发展全局亟待解决的重大课题。

◇　一、能源资源安全问题凸显

　　能源是经济发展的血液。随着我国经济的快速增长，能源供应不足成为制约国民经济发展的瓶颈。我国原油产量的增长大大低于石油消费量的增长，导致原油进口依存度飙升。根据中国海关总署统计，2013 年我国原油对外依存度已达到 57.3%。国家战略资源储备刚刚起步，资源储备体制很不完善。能源利用率低等问题，加剧了能源安全的严峻性。能源对外依存度的提高，使维护海上战略通道安全问题凸显。目前，能源进口主要采取海上集中运输，其中原油运输约 4/5 通过马六甲海峡，海上通道对维护国家安全和发展至关重要。我国现已开辟 30 多条远洋运输航线，通达世界 150 多个国家和地区的 600 多个港口。依赖程度较大的海上通道，如马六甲海峡、巴士海峡、亚丁湾、霍尔木兹海峡等，正面临来自传统和非传统两方面的安全威胁。一些域外大国将南海岛屿争端与海上通道安全和航行自由挂钩，一些周边国家对我国发展与巴基斯坦、斯里兰卡等海上通道沿线国家关系戒备心十足，一些海上通道沿线国家与我国均不同程度存在领土争端，海上恐怖主义活动对海上安全构成现实危害，我国海上通道安全的前景不容乐观。

◇　二、恐怖主义威胁加剧

　　"9·11"事件后，恐怖主义活动对我国安全环境的威胁逐渐上升。南亚地区一度作为"基地"组织的大本营，各种恐怖活动猖獗。阿富汗和巴基斯坦境内的极端势力虽受重创但势力犹存，恐怖袭击频发。随着美国逐步从阿富汗撤军，地区恐怖主义势力已出现重新活跃和外溢迹象，刺激了我国西部地区"三股势力"再趋活跃。中亚地区安全形势局部动荡，恐怖势力活动频繁的塔吉克斯坦东部、吉尔吉斯斯坦南部和乌兹别克斯坦费尔干纳谷地与我国南疆邻近，"乌兹别克斯坦伊斯兰运动""伊扎布特"等宗教极端组织趁机加大对我国边疆地区的渗透。尤其是"东突厥斯坦伊斯兰运动"与"基地"等联系密切，长期接受其培训、资助和武装庇护，仿效"圣战"手法，在新疆等地区不断制造暴力恐怖事件，呈现出境外策划、境内实施、网上网下呼应的明显特征。暴力倾向日益加剧的"藏独"势力也加紧与境内外分裂势力串联，以"藏青会"为代表的激进组织实施包括自杀式袭击在内的恐怖活动。东南亚的恐怖主义土壤依然存在，活跃在印度尼西亚、菲律宾、马来西亚、泰国的"伊斯兰祈祷团"等极端组织与"基地"相勾结，不时制造恐怖袭击大案，影响我国南部地区的稳定和发展环境。

◇　三、粮食安全问题上升

我国以占世界 6% 的淡水资源、7% 的耕地，保障了约占全球 1/5 人口的吃饭问题，为世界粮食安全作出了突出贡献。目前，我国的粮食自给率达 90% 以上。随着工业化、城镇化的深入推进，农业与工业、农村与城市争夺资源和要素的竞争日趋激烈，加之人口数量增长、生活水平提高、水资源严重短缺和低效利用，将导致农产品生产中资源和要素成本上升，农产品供需矛盾日益突出。随着农业对外开放的进一步扩大，我国农业面临的市场风险不断增加，国际农产品乃至石油等相关产品价格的波动对我国粮食价格的影响显著加深。我国是个自然灾害频繁发生的国家，由于农业基础设施条件差、抗灾减灾能力弱，粮食生产的自然风险很大。我国水土流失和土地荒漠化严重，部分耕地受到工业废水、污水、过量的化学物质或采矿垃圾污染。如何保障13亿多人口的粮食安全，立足国内解决好吃饭问题，始终是治国安邦的头等大事。

✧　四、水安全问题日益严峻

　　水安全关乎国家的生存和发展，防洪安全、供水安全、水生态安全是水安全的基础。我国年用水总量已突破6000亿立方米，正常年份缺水500多亿立方米，近2/3的城市缺水。我国水体污染严重，七大水系中黄河、淮河、松花江水系属中度污染，辽河、海河水系属重度污染。全国年均污水排放量约为600亿吨，约80%的污水未经任何处理就排放到自然水体流域中。我国北方地区普遍存在水资源开发利用过度问题，全国不合理开采地下水量占地下水可开采量的18%。水污染、水生态环境恶化、水质量降低，加剧了水资源的短缺，成为制约经济社会可持续发展的主要瓶颈之一。水安全问题成为影响国家经济安全和社会稳定、政治稳定的重要因素。水是国防建设的基本战略物资，是军事力量建设不可或缺的因素。大型水利工程设施缺乏安全防御系统，容易受到战争和恐怖活动的破坏。全球水权益竞争日趋激烈，水资源争夺可能引发国际冲突，甚至是战争。我国国际河流数量众多，与19个国家密切相关。我国与周边国家的水资源纠纷和争端日趋频繁。近年来对雅鲁藏布江水资源和澜沧江—湄公河的开发利用，遇到印度、泰国、越南等国的压力。域外大国积极介入湄公河开发，为地区安全局势增加了复杂因素。

◆◆ **知识链接**

全世界至少有 214 条河流跨越两个或两个以上的国家，其间充满了现实和潜在的冲突：以色列、巴勒斯坦、黎巴嫩、叙利亚和约旦为约旦河曾多次爆发战争，印度和巴基斯坦在争夺印度河，印度和孟加拉在争夺恒河，土耳其、叙利亚和伊拉克在争夺幼发拉底河，埃塞俄比亚、苏丹和埃及在争夺尼罗河，等等。根据 2009 年《联合国世界水资源开发报告》统计，在过去 50 年中，全球共有 507 起与水资源相关的冲突，其中 37 起是跨国境的暴力纷争，21 起演变为军事冲突。

◇ **五、维护海外人员和资产安全问题突出**

随着我国经济逐步融入世界经济体系，海外利益已经成为我国国家利益的重要组成部分，海外公民、法人以及海外资产的安全问题日益凸显。我国现有 2 万家企业遍布世界近 200 个国家，2013 年有 9300 万人次出境，2020 年出境人数将达到 1.5 亿人次以上。我国海外留学生已达 136 万人。海外人员的广泛分布带来了安全风险的同步上升，面临自然灾害、恐怖袭击、绑架劫持、武装冲突和地区战乱等多种安全威胁。近年来海外人员受伤害事件呈上升趋势，海外人员生命安全问题日益突出。据商务部统计，2013 年

我国投资者共对全球 156 个国家和地区的 5090 家境外企业进行了
直接投资，累计实现非金融类直接投资 901.7 亿美元，同比增长
36.6%。我国海外经济利益分布比较密集的区域，其中有相当一部
分地域是矛盾丛生、问题成堆、战乱不断的高风险地区。2011 年
以来的西亚北非政治社会动荡和武装冲突，给我国在当地的企业生
产、商业运作和庞大资产带来了重大利益损失。在错综复杂的国际
形势下，维护不断拓展的海外利益已经成为国家安全和发展战略的
重要任务。

▲ **海上反恐演练**　　　　　　　　　　　　　（国防部外事办公室提供）

此外，我国还面临着金融安全、网络和信息安全、海上运输通
道安全、自然灾害、严重疫病等多种安全威胁。面对复杂严峻的国
家安全环境，我们要贯彻落实总体国家安全观，构建集政治安全、
国土安全、军事安全、经济安全、文化安全、社会安全、科技安

全、信息安全、生态安全、资源安全、核安全等于一体的国家安全体系，建设平安中国、和谐世界，打造命运共同体，推动各国朝着互利互惠、共同安全的目标相向而行。

■ 本章小结 ■ ··········

国际战略形势正在发生深刻变化，国际体系处于大变革大调整之中。国际地缘政治经济重心正转向亚太地区，美国加快推进"亚太再平衡"战略，对亚太地缘战略格局产生深刻影响。我国周边安全环境复杂严峻，不稳定不确定因素明显增多，海上方向面临前所未有的安全压力，维护国家安全统一和社会稳定任务艰巨繁重，非传统安全威胁已成为影响国家安全和发展全局的重大问题。我们要坚持和贯彻总体国家安全观，坚决维护国家的主权、安全、发展利益。

✎ 思考题

1. 当前国际战略形势的总体特点是什么？

2. 目前我国国家安全环境面临的主要威胁有哪些？

3. 为什么说我国海上安全环境严峻而复杂？

第 二 章

国防和军队现代化建设
面临的机遇和挑战

新世纪以来，国防和军队现代化加速发展，机械化建设有了较好基础，信息化建设取得明显进步，信息化条件下威慑和实战能力显著增强。在新的历史起点上加快推进国防和军队现代化，既面临难得的发展机遇，也面临一些需要解决的深层次矛盾和问题。科学分析世情、国情、军情新变化，全面把握国防和军队建设的历史方位，是国防和军队现代化建设有一个大发展的重要前提。

第一节　世界新军事革命加速推进

当前，世界新军事革命正在加速发展，呈现出一些新的特点，给国防和军队现代化建设提供了难得的历史机遇，也提出了严峻的挑战。

◇　一、世界新军事革命进入新的发展阶段

世界新军事革命，是指以信息技术为代表的高科技在军事领域

广泛运用后，引起战争形态、武器装备、军队组织形态、军事理论等方面出现全局性、系统性、根本性变化。世界新军事革命的发展，推动战争形态由机械化战争向信息化战争转变，基本作战样式由一般联合作战向基于信息系统的一体化联合作战转变，军队由机械化军队向信息化军队转型。

世界新军事革命有一个产生、演进的过程。20 世纪 70 年代，在越南战争后期，"灵巧炸弹"和集指挥、控制、通信、情报一体的指挥自动化系统（C^{3}I）就投入战场，孕育了新军事革命的萌芽。70 年代末，美苏等军事强国已经拥有精确制导武器，并初步实现了指挥自动化。80 年代，爆发了英阿马岛战争等几场具有代表性的局部战争，新军事革命初露端倪。1991 年爆发的海湾战争，是新军事革命的一个转折点，展现了现代高技术战争的雏形，拉开了战争形态转变的大幕。1999 年的科索沃战争，21 世纪初的阿富汗战争、伊拉克战争等几场局部战争，进一步展现了战争形态的信息化特征，标志着新军事革命进入一个新的质变阶段。

世界新军事革命正在发生并孕育着新的重大突破。军事电子信息技术快速发展，全球定位系统、军用计算机技术、军用软件技术、雷达技术和军用微电子技术取得新突破。网络攻防技术成为军事竞争新的制高点，美国、俄罗斯等军事强国积极谋取网络攻防技术新突破，网络攻击实战化水平不断提高，集侦攻防控于一体的网络空间作战体系基本形成。纳米技术、临近空间技术、高超声速技术不断取得突破，临近空间飞行器、高超声速巡航导弹、高超声速有人／无人飞机、空天飞机和空天导弹等新型快速打击武器即将形成新的战斗力，高能激光炮、电磁脉冲炮、高能微波武器等新概念武器向实战化方向发展。武器装备远程精确化、智能化、隐身化、无人化趋势更加明显，战争形态正加速向信息化战争演变。为应对新军事革命的发展，主要军事大国加大了军队转型的力度，美军着手推动"二次转型"，俄军围绕"职业化、常备化、精干化"深入推进"新面貌"军事改革，英、法、德、印、日等国军队也纷纷采取举措，力求在新一轮军事竞争中有所作为。

战争制胜机理出现新的变化。世界军事技术领域的重大变化使很多具有革命性影响的作战力量和手段不断涌现，战争制胜机理正在发生深刻改变。从近期几场局部战争来看，多维战场空间融为一体，战略、战役、战术行动界限趋于模糊，时间要素不断升值，战争进入发现即摧毁的"秒杀"时代。为削弱甚至剥夺对手的信息能力，作战行动基本上首先在信息网络领域展开，制信息权成为夺取战场综合控制权的核心，是赢得战争胜利的关键。现代战争是体系和体系的对抗，一体化联合作战成为基本作战样式，体系支撑下的平台作战、战略保障下的战术行动已成为其显著特点。运用精锐力量实施精确作战的特征更加突出，在防区外对全纵深目标进行中远程精确打击成为重要作战方式。

◆◆〉知识链接 〉

信息化条件下，信息运用决定作战行动精度和效益，战争制胜的关键在于快速机动、精确打击。伊拉克战争中，近90%的美军战机在飞行中动态受领打击任务指令，美军从发现目标到实施打击的间隔已缩短为10分钟，比海湾战争时提高约132倍，战争已进入发现即摧毁的"秒杀"时代。

◇ 二、世界新军事革命为国防和军队建设提供难得的历史机遇

为国防和军队建设指明发展方向。随着世界新军事革命的加速发展，主要大国纷纷调整军事战略，加快军队转型的步伐，加速推进军队信息化建设，争取未来战争战略主动权，抢占军事竞争的制高点。世界主要国家推动军队信息化的做法，充分显示新军事革命的核心是信息化。为了顺应战争形态信息化的发展趋势，我们继瞄准高技术局部战争之后，2004年又及时将军队建设的战略目标转向建设信息化军队、打赢信息化战争。这既是我们积极主动应对的结果，也是世界新军事革命的客观要求。

为国防科技发展创造有利条件。世界新军事革命中涌现出来的一些先进技术和装备，给我国加快军事科技工业、武器装备发展创造了重要条件。当今世界经济全球化、社会信息化深入发展，知识的传播和扩散速度很快，为吸纳、借鉴先进军事技术成果创造了很好的条件，使我们能顺应武器装备发展，在引进、吸取、综合的基础上推进再创新，不断提高自身的原创能力，进行有针对性的技术研发。

为中国特色军事变革提供有益借鉴。作为后发国家，一个很大的好处，是能借鉴他人的成功经验，避免他人走过的弯路，充分发挥后发优势，加速推进军事革命。美国作为推动新军事革命的先行者，取得了重视理论先导、注重科技推动等成功经验。借鉴这些经验，我军能够及时提出并积极推动军事理论创新、军事技术创新、军事组织创新和军事管理创新，吸纳外军之长，较为全面地把握军

事革命的规律，使我们在推进中国特色军事变革中更加自觉、更加主动。

◇ 三、世界新军事革命对国防和军队建设提出严峻挑战

军队信息化水平亟待提升。我军已基本形成以第三代装备为骨干、第二代装备为主体的装备体系，但与世界军事强国相比，仍然面临军事技术差距拉大的风险。我军信息化建设总体技术水平和一体化程度还不高，信息化武器装备数量规模有限，各军兵种和各战略方向信息化发展还不平衡，信息资源开发利用水平比较低，信息主导作用还不能充分发挥。同时，老旧装备比例偏大，体系庞杂臃肿问题突出。因此，必须大力加强侦察预警、指挥控制、信息对

◆〉**知识链接**〉⋯⋯

根据武器装备的战术性能和技术特点，可以对武器装备分"代"，但各国的标准并不一致。以喷气式战斗机为例，美国将具备跨音速飞行性能的 F-86、米格-15 等划为第一代，将具备 2 倍音速飞行速度的 F-4、米格-21 等划为第二代，将重视机动性的 F-15、苏-27 等划为第三代，将突出隐身性、具备超音速巡航能力的 F-22、F-35划为第四代。俄罗斯则将 F-86、米格-15 划为第一代，将具备超音速飞行能力的 F-100、米格-19 等划为第二代，将 F-4、米格-21 等划为第三代，将 F-15、苏-27 等划为第四代，将 F-22、F-35 划为第五代。

抗、精确打击、隐形突防、战略投送、防空反导、反潜作战等方面建设，着力提高我军信息化水平。

官兵素质亟待提高。新军事革命对军人综合素质特别是信息化素养提出了新的更高的要求。我军在培养高素质新型军事人才方面不断迈出新的步伐，但与新军事革命的要求相比，与建设信息化军队、打赢信息化战争的目标相比，还存在较大差距。随着我军武器装备和新型作战力量快速发展，人才匮乏问题将越来越突出。官兵素质结构中军事技术素质和科学文化素质偏低，高素质新型军事人才不足，特别是联合作战指挥人才和新装备专业技术人才紧缺，人才适应关键岗位的核心能力不足等矛盾日益凸显，已经成为影响我军建设的重大问题。

军事组织体制改革亟待推进。世界主要国家在大力发展先进军事技术和武器装备的同时，加紧改造和重塑军队的组织形态，积极推动国防和军队转型，军队组织开始由宝塔型结构向扁平型、网络化结构转变。减少层次、横向组网、纵横交错的新型组织形态，成为发达国家军队改革的重要取向。进入新世纪后，我军组织体制改革积极稳妥推进。但是，我军军事体系是在机械化战争条件下和打大规模地面战争背景下形成的，整体上仍属于陆战型、国土防御型的结构，尤其是信息化军队的组织形态还未建立起来，领导管理体制不够科学、联合作战指挥体制不够健全、力量结构不够合理、政策制度改革相对滞后等深层次矛盾和问题还没有得到有效解决，军事功能还不能完全满足日益拓展的我军历史使命的要求，这从根本上制约了军队建设和军事斗争准备。

军事理论创新亟待加强。世界军事发展的历史表明，理论创新相对独立于科技创新、装备创新。有时候，技术上并不领先的一方，也能执军事理论创新的牛耳。中国特色军事变革要阔步前行，迫切呼唤军事理论创新。要围绕建设信息化军队、打赢信息化战争的战略目标，突出社会主义市场经济的时代特点，着力回答未来打什么样的仗、怎样打仗，建设什么样的军队、怎样建设军队这两个重大课题，及时推出一批有深度、能管用的理论创新成果，构建信息化条件下的军事理论，形成具有中国特色、体现世界军事发展规律的军事理论体系。

第二节　我国进入全面建成小康社会决定性阶段

随着我国经济社会的快速发展、综合国力的快速提升，我国已进入全面建成小康社会的决定性阶段，呈现出一系列新的阶段性特征，国防和军队建设面临前所未有的机遇。同时也要看到，我们越发展壮大，遇到的阻力和压力就会越大，面临的外部风险就会越多，对国防和军队建设提出的要求就会越高。

◇　一、经济社会发展为国防和军队建设提供雄厚的物质基础

经济发展有利于增大国防投入。国防和军队现代化建设，需要持续投入大量经济资源。只有经济健康持续发展，才能持续保持国防投入，不断提高国防和军队现代化水平。改革开放 30 多年来，我国坚持国防和军队建设服从服务于经济建设大局，国防投入保持较为合理适度的规模。从 1978 年到 1987 年，随着国家工作重心转移到经济建设上来，国防建设处于低投入和维持性状态。国防费年

平均增长 3.5%，同期 GDP 按当年价格计算年平均增长 14.1%，国家财政支出年平均增长 10.4%。国防费占 GDP 和国家财政支出的比重，分别从 1978 年的 4.6% 和 14.96% 下降到 1987 年的 1.74% 和 9.27%。从 1988 年到 1997 年，为弥补国防基础建设的不足和维护国家安全统一的需要，我国在经济不断增长的基础上，逐步加大国防投入。国防费年平均增长 14.5%，同期 GDP 按当年价格计算年平均增长 20.7%，国家财政支出年平均增长 15.1%。从 1998 年到 2007 年，为维护国家安全和发展利益，适应中国特色军事变革的需要，我国在经济快速增长的基础上，继续保持国防费的稳步增长。国防费年平均增长 15.9%，同期 GDP 按当年价格计算年平均增长 12.5%，国家财政支出年平均增长 18.4%。国防费占 GDP 的比重虽有所上升，但占国家财政支出的比重总体上仍呈下降趋势。2008 年以来，在经济增长的基础上，为减缓国防需求与投入的矛盾，我国年度国防费预算继续保持适度增长。2008 年为 4178 亿元，2009 为 4951 亿元，2010 年为 5321 亿元，2011 年为 6011 亿元，2012 年为 6702 亿元，2013 年为 7202 亿元，2014 年为 8082 亿元。可以预见，从中长期看，我国经济未来相当长一段时间内将保持较快增长。随着我国经济总量的增大，有能力继续扩大国防投入，以更好满足国防和军队建设的需求，促进富国和强军相统一。

创新驱动战略有利于提升国防科技水平。党的十八大强调实施创新驱动发展战略，坚持走中国特色自主创新道路，提高原始创新、集成创新和引进消化吸收再创新能力，更加注重协同创新。为推进科技创新，提高科学技术对经济发展的贡献率，国家会陆续出台一些政策，深入推进科技体制改革，不断完善知识创新体系，着力培育全社会的创新意识，增强全社会的创新活力，整合全社会的创新资源，为经济社会发展注入强劲的科技动力。科学技术是第一生产力，也是第一战斗力。新军事革命所塑造的军事形态，是技术密集、知识密集、人才密集的新型军事形态。我们要在激烈的国际军事竞争中掌握主动，就必须大力推进科技进步和创新，大幅提高国防科技自主创新能力。大量科学技术成果的涌现，必将为国防和军队现代化提供更为丰沛、更加优质的科技资源，必将使国防科技工业的发展进入更高阶段。

教育优先发展有利于国防人力资源开发。强军兴国，关键靠人才，基础在教育。党的十八大提出，要坚持教育优先发展，全面实施素质教育，深化教育领域综合改革，着力提高教育质量，培养学生社会责任感、创新精神、实践能力；要加快确立人才优先发展战略布局，统筹推进各类人才队伍建设，实施重大人才工程，加大创新创业人才培养支持力度，造就规模宏大、素质优良的人才队伍，推动我国由人才大国迈向人才强国。随着教育事业的全面发展，我国作为一个人口大国，会加快向人力资源强国转变，各种类型的优质人才会竞相涌现。大量、优质、丰富的人才资源，将为国防和军队现代化建设提供更具活力的人才支持，助推我军转向科技密集型发展道路。

产业升级有利于支撑军队信息化转型。党的十八大把推进经济结构战略性调整作为加快转变经济发展方式的主攻方向。推进经济结构战略性调整的内容之一，是优化产业结构，推进产业升级。这主要包括：推动战略性新兴产业、先进制造业健康发展，加快传统产业转型升级；建设下一代信息基础设施，发展现代信息技术产业体系，健全信息安全保障体系，推进信息网络技术广泛运用，等等。随着这些措施落实到位，我国工业化、信息化水平会上一个新台阶，代表世界产业发展方向的、具有国际竞争力的新型产业集群会发展壮大，从而为我军机械化信息化复合式发展提供强有力的产业支撑。

◇ 二、经济社会发展对国防和军队建设提出新的能力要求

我国日益走向世界舞台中心要求我军承担更多国际责任。我国作为一个负责任大国，多年来积极支持并参加联合国维和行动，为维护世界和平作出了重要贡献。我国武装力量多次参加政府组织的国际灾难救援和人道主义援助。海军护航舰艇编队在亚丁湾、索马里海域开展常态化护航行动，与多国护航力量进行交流合作，共同维护国际海上通道安全。随着我国综合国力和国际影响力不断增强，我国的国际地位日益上升，这种角色的变化要求我们承担更多的国际军事安全责任和义务，积极走出国门、为国际社会提供力所能及的安全公共产品。

国家利益拓展对全面提高军事能力提出新挑战。随着国家利益的拓展和改革开放的深入，我国海外机构、人员、投资等迅速增加，对海外市场、海外资源、全球战略通道的依赖性进一步增大，在海洋、太空、网络等新兴空间的战略利益不断增多。根据国家海洋局发布《2013 年中国海洋经济统计公报》数据显示，2013 年，我国海洋生产总值高达 5.4 万亿元。这些变化，使我国国家利益的分布，由传统的领陆、领海、领空向海洋、太空、网络等新兴战略空间拓展，由国门之内向国门之外延伸，越来越容易受到外部不稳定、不安全因素影响。面对国家利益的新变化，传统的以陆军为主、基于国土防御的军事力量结构，已经难以适应全面维护国家利

▲ 海军护航编队在亚丁湾为中国商船护航　　　（解放军画报社提供　李唐／摄）

益的需要。加快我军转型步伐，提高投送能力，扩大海外存在，才能拓宽海外运用渠道，丰富海外用兵形式，以更好地更全面地维护国家利益。

2009—2013 年全国海洋生产总值情况

统筹经济建设与国防建设对军事力量加快发展提出新要求。党的十八大提出，坚持走中国特色军民融合式发展路子，坚持富国和强军相统一，加强军民融合式发展战略规划、体制机制建设、法规建设。这一重要思想，顺应了经济社会加速发展的内在要求，反映了现代社会富国和强军相统一的内在规律。富国和强军应统一于建设社会主义强国的伟大实践，通过军民融合深度发展，节约成本，提高效益，激发加快发展的动力。经过新中国 60 多年特别是改革开放 30 多年的努力，国家综合国力显著增强，经济科技水平大幅提高，为建立巩固国防和强大军队奠定了坚实的物质基础和加速发展的技术准备。随着我国日益接近全面建成小康社会，经济规模将更大、质量将更好，国防投入的资源也将更多、涉及的经济领域将更广，需要进一步统筹好经济建设和国防建设，在更高水平上推进军民融合式发展。

社会发展变化对改进创新军队思想政治建设提出新课题。随着社会主义市场经济和改革开放深入发展，社会经济成分、组织形式、就业方式和分配方式多样化，各种思想文化相互激荡。这为我军建设注入了生机与活力，也使得官兵的利益需求、文化追求和价值诉求更加多样。同时，由于各种腐朽思想文化的影响和侵蚀，给军队的优良传统、官兵的价值观念和理想追求等造成冲击。加之市场经济条件下各种利益主体都有着自己的利益诉求，军队在征兵、转业退役军人安置、随军家属就业、子女入学以及在训练演习、战备作战、遂行非战争军事行动时，需要与越来越多的利益主体打交道，调整军队与各利益主体间的利益关系日益复杂，统筹军民利益的难度增大。

第三节 国防和军队建设处于一个 新的历史方位

新中国成立后，特别是改革开放以来，国防现代化建设在探索中不断前行。1997 年，我们党提出了到 21 世纪中叶国防和军队"三步走"发展战略。按照"三步走"的规划，第一步，从 1997 年到 2010 年，用十几年时间，努力实现新时期军事战略方针提出的各项要求，为国防和军队现代化打下坚实基础。主要解决好军队的规模、体制编制和政策制度问题，把军队员额压缩到适度规模，建立起比较科学的体制编制，形成与发展社会主义市场经济相适应的比较配套的政策制度；调整完善国防动员体制；军队人才培养要上一个新台阶；拥有一批性能先进的主战武器装备，形成适应高技术条件下作战的精干有效的武器装备基本体系，具备遂行新时期军事斗争任务的威慑和实战能力。第二步，21 世纪的第二个 10 年，随着国家经济实力的增长和军费的相应增加，加快我军质量建设的步伐，适当加大发展高技术武器装备的力度，完善武器装备体系，全面提高部队素质，进一步优化体制编制，基本实现机械化并使信息化建设取得重大进展。第三步，再经过 30 年的努力，到 21 世纪中叶，基本实现国防和军队现代化的目标。

"三步走"发展战略的实质，是力争到 2050 年实现建设信息化军队、打赢信息化战争的战略目标。"三步走"发展战略的关键，是正确处理机械化与信息化的关系，推动跨越式发展、复合式发展，努力走出被动追赶式的发展，最终进入与发达国家同步发展的轨道。"三步走"发展战略勾画了国防现代化发展的壮丽蓝图，是社会主义现代化的重要组成部分，是全国人民需要下力气完成的一项重大战略任务。

按照"三步走"发展战略的规划，我军经过十几年的快速发展，已经顺利完成了第一步的发展任务，国防和军队现代化建设取得长足发展，机械化建设有了较好基础，信息化建设取得明显进步，为进一步发展打下了良好基础。

军事斗争准备扎实推进。根据世界新军事革命和国家安全环境的发展变化，适时对军事战略进行重大调整。实施科技强军战略，把我军战斗力生成模式转到主要依靠科技进步特别是高新技术进步上来。按照建设信息化军队、打赢信息化战争的战略目标，加快机械化和信息化复合发展，充分发挥信息能力在战斗力生成中的牵引作用。切实把军事训练摆在战略地位，坚持走科技兴训之路，广泛开展科技练兵活动。大力培育官兵战斗精神，强化政治工作的作战功能。

国防科技和武器装备水平显著提升。我军在一些基础性、前沿性、战略性技术领域取得重大突破，在攀登科技高峰征程上实现了新的飞跃。2009 年 10 月 29 日，国防科学技术大学研制成功"天河一号"，使我国首次拥有千万亿次超级计算机系统。2011 年 12 月 27 日，北斗卫星导航系统开始向我国及周边地区提供连续无源定位、导航等试运行服务。自 2003 年 10 月 15 日成功发射第一艘载人飞船神舟五号后，神舟六号、神舟七号、神舟八号、神舟九号陆续飞向浩渺的宇宙深处。在国防科技进步的推动下，我军武器装备信息化、体系化程度不断提高，形成了品种比较齐全，结构比较合理，体系逐步完善，主战装备、电子信息装备与保障装备配套发展的装备体系。

军队组织形态在改革调整中进一步迈向现代化。2003 年 7 月，我军开始新一轮体制编制调整改革，陆军部队占全军总员额的比例下降至历史最低点。2010 年年底，为进一步优化部队结构，改革指挥方式和保障模式，整合军队建设资源，提高基于信息系统的体系作战能力，我军迈出了深化改革的新步伐。强化军委总部战略管理职能，改善领导管理体制。改进和优化部队编组模式，部队作战力量编成更趋合理。

新型军事人才培养成效明显。我军深入推进人才战略工程，人才培养迈上新台阶。2011 年，中央军委颁布《2020 年前军队人才发展规划纲要》，以加快推进人才的能力转型为核心，以联合作战指挥人才、信息化建设管理人才、信息技术专业人才、新装备操作和维护人才为重点，提出了信息化素质全员提升、人才结构优化改造、军事斗争人才准备拓展深化、重大专项建设人才超前培养、非战争军事行动专门人才开发、创新型科技领军人才锻造、海外智力资源延揽引进、高素质军事教育人才复合培育 8 项人才发展工程。截至 2013 年，全军具有大学以上学历干部占 88.2%，具有研究生以上学历的达到 19.4%，比 10 年前分别增长 30.4%、13.3%。全军指挥和参谋人员经过联合作战知识培训达到 2.4 万名、占到现有数的 42%，有 2800 多名高中级干部经过信息化建设管理培训，军以上领导班子普遍充实配备了信息化素养较高的干部。军队院上达到 99 名，博士后流动站达到 215 个，在站博士后达 1400 多人。

军队正规化水平不断提高。我军加大依法治军、从严治军力度，努力把军队建设纳入法制化轨道。2008 年，中央军委颁布施行《中国人民解放军安全条例》，标志着我军安全管理工作步入法制化、正规化新阶段。2010 年，中央军委在总结新世纪治军成功经验、把握

▲ 网络化模拟仿真教学全景 　　　　　　　　　（解放军画报社提供　徐鑫／摄）

治军特点规律的基础上，颁布施行新修订的《中国人民解放军内务条令》《中国人民解放军纪律条令》和《中国人民解放军队列条令》。我军依法治军的步伐持续加快，制定了《中华人民共和国国防动员法》，修改了《中华人民共和国预备役军官法》，修订了《中国人民解放军现役士兵服役条例》等军事法规，颁发了新修订的《中国人民解放军政治工作条例》，我军特色的军事法规体系不断完善。

　　走出一条军民融合式发展新路。新世纪新阶段，军民融合式发展快速推进，基础设施建设、军队保障社会化、军事人才依托培养和国防动员等取得新的成绩。国防科技工业方面的进展尤其引人注目。2008 年 3 月，国务院决定组建国防科技工业局和军民结合推进司，由工业和信息化部管理，以承担起规划军民结合发展、拟定相关政策、协调管理武器装备科研生产等重大事项，在体制上将国防科技工业纳入了国家工业化整体进程。军地加强科技、工业协作，共同突破技术关键和产业化瓶颈，在航空航天、电子信息、特种技术装备、新能源与高效动力、节能环保等领域，培育新的增长点，促进了国家产业振兴和高新技术产业结构调整。军民融合式发展，为国防和军队跨越式发展打下了坚实基础，也对国民经济产生了积极的拉动作用。

我国国防和军队现代化建设取得长足进步，军事斗争准备不断拓展深化，现代化水平大幅跃升。但是，我军建设仍然面临着一些突出矛盾和问题，主要是：战备训练的实战化水平有待提高，体制编制结构不够合理，高素质军事人才培养存在短板，武器装备的信息化水平不高，联合作战和保障能力还不强等。特别是随着形势任务发展变化，有大量的新情况新问题需要认真研究解决。我军现代化建设正处于机械化任务尚未完成、同时又面临信息化任务的特殊历史时期，现代化水平与打赢信息化条件下局部战争的要求还不相适应、军事能力与履行新世纪新阶段历史使命还不相适应的主要矛盾依然突出，我们的军事能力与我国的国际地位还不完全相称、与国家的战略需求还不完全适应。

我们必须正确认识国防和军队建设的历史方位，深刻认清国防和军队建设的阶段性特征，认真总结运用好国防和军队建设的基本经验，不断探索把握国防和军队建设的特点规律；紧紧围绕加快推进国防和军队现代化这一总体要求，把国防和军队建设的发展方向、发展思路、发展重点理清楚，把提高战斗力作为各项建设的出发点和落脚点。我们要切实用好发展有利条件，深入研究和破解发展难题，埋头苦干，锐意创新，努力开创国防和军队建设新局面。

▌本章小结 ▌ ⋯⋯⋯⋯

在新的历史起点上加快推进国防和军队现代化，既面临难得的历史机遇，又面临严峻挑战。世界新军事革命加速发展，我国综合国力快速提升，为增强国防科技自主创新能力、培养高素质新型军事人才和促进军队战斗力转型提供了有利条件。同时，国防和军队建设在高新武器装备发展、军队组织形态改革调整、军民融合深度发展、军事理论创新等方面依然任重道远。

✎ 思考题

1. 世界新军事革命加速推进对国防和军队建设提出了哪些挑战？

2. 全面建成小康社会决定性阶段给国防和军队建设带来哪些机遇？

3. 我国国防和军队建设处于一个什么样的历史方位？

第 三 章

党在新形势下的强军目标

党的十八大以来，习近平着眼实现中华民族伟大复兴，提出要为建设一支听党指挥、能打胜仗、作风优良的人民军队而奋斗，确立了党在新形势下的强军目标，发展了党的军事指导理论，明确了加强军队建设的聚焦点着力点，为在新的历史起点上加快推进国防和军队现代化提供了根本遵循。

第一节　建设强大的人民军队
　　　　是我们党的不懈追求

在中国革命建设改革的各个历史时期，我们党都根据形势任务的变化，及时提出明确的目标要求，引领人民军队建设不断向前发展。

1927 年南昌起义，打响了武装反抗国民党反动派第一枪，中国共产党从此走向独立领导武装斗争的道路。此后，经过秋收起义、广州起义等大大小小的起义，中国共产党开始了创建人民军队的进程。1927 年，在率秋收起义部队沿罗霄山脉南下的途中，毛泽东在三湾对起义部队进行了改编：班排设党小组，党支部建在连上，营、团建党委，连以上设党代表；部队一切重大问题都必须由党组织集体讨论决定，全军由党的前敌委员会统一领导；官兵平等，待遇一样，不准打骂士兵，连以上建立士兵委员会，参加部队的行政管理和经济管理，有权监督官长。三湾改编成为党建设新型人民军队的重要开端。在 1929 年的古田会议中，人民军队的"党指挥枪"等建军原则得到了坚持和完善。在长征途中战胜张国焘分裂主义斗争后，人民军队的建军原则和制度在全军牢固地树立起来。在抗日战争、解放战争的炮火烽烟中，人民军队建军治军的原则和制度不断完善。

新中国成立后，我军确立了建设优良的现代化革命军队的总方针总任务。确立积极防御的军事战略方针，主张走自力更生为主、争取外援为辅、破除迷信、独立自主的建军路线。建设海军、空军以及其他技术兵种，发展机械化武器装备和用于自卫的核武器，建立正规化军事制度和院校教育体系，加强思想政治工作，在军队指挥、编制、训练、制度等方面实现一系列变革，开始由军队建设的初级阶段向掌握现代化军事科学技术的高级阶段转变。

20 世纪 70 年代末至 80 年代，我军走上中国特色精兵之路。依据和平与发展成为时代主题的科学判断，实现军队建设指导思想的战略性转变，即由准备"早打、大打、打核战争"转到和平时期建设的轨道上来，在服从和服务于国家建设大局的前提下，有计划有步骤地推进现代化建设。确立建设强大的现代化正规化革命军队的总目标，开创有中国特色的精兵之路。军队进行重大调整改革，裁减员额 100 万，朝着精兵、合成、高效的方向迈出重要一步。

进入 20 世纪 90 年代，我军积极推进中国特色军事变革。确立以打赢现代技术特别是高技术条件下局部战争为基点的新时期积极防御军事战略方针，实施科技强军战略，制定国防和军队现代化

"三步走"的发展战略，推进国防建设与经济建设协调发展。把中国特色军事变革作为军队现代化发展的必由之路，提出建设信息化军队、打赢信息化战争的战略目标。军队以军事斗争准备为牵引，加快武器装备发展，加强军兵种和应急机动作战部队建设，优化体制编制，进一步裁减员额，防卫作战能力显著提升。

新世纪新阶段，我军努力开创现代化建设新局面。坚持把科学发展观作为国防和军队建设的重要指导方针，统筹经济建设和国防建设，全面履行新的历史使命，增强应对多种安全威胁、完成多样化军事任务的能力。军队加快机械化和信息化复合发展，积极开展信息化条件下军事训练，推进军事理论、军事技术、军事组织和军事管理创新，不断提高打赢信息化条件下局部战争的核心军事能力和实施非战争军事行动的能力。

站在新的历史起点上，我军紧紧围绕实现党在新形势下的强军目标，坚定不移走中国特色强军之路。坚持党对军队的绝对领导，从思想上政治上建设军队，从根本上保证人民军队的性质。提高军事斗争准备的针对性实效性，提高军事训练实战化水平，各项工作

知识链接

1985 年，我国政府决定裁减军队员额 100 万，至 1990 年实际裁减 103.9 万人。1997 年，我国政府宣布在此后三年内裁减军队员额 50 万，至 1999 年年底裁减任务基本完成。2003 年，我国政府决定再次裁减军队员额 20 万，2005 年年底完成裁减任务，军队规模现保持 230 万人。

向能打胜仗聚焦，军队建设的实战化水平进一步提升。坚持把作风建设作为基础性长期性工作抓紧抓实，始终保持我军光荣传统和优良作风。

第二节　建设一支听党指挥能打胜仗作风优良的人民军队

目标昭示方向，目标凝聚力量。总结我们党建军治军成功经验，适应国际战略形势和国家安全环境发展变化，着眼解决军队建设面临的突出矛盾和问题，习近平明确提出要为建设一支听党指挥、能打胜仗、作风优良的人民军队而奋斗，及时确立了党在新形势下的强军目标。

强军目标揭示了新形势下建设强大人民军队的时代内涵。听党指挥是灵魂，决定军队建设的政治方向，必须毫不动摇地坚持党对军队的绝对领导，任何时候任何情况下都要坚决听党的话、跟党走。能打胜仗是核心，反映军队的根本职能和军队建设的根本指向，必须按照打仗的标准搞建设、抓准备，确保我军始终做到召之即来、来之能战、战之必胜。作风优良是保证，关系军队的性质、宗旨、本色，必须依法治军、从严治军，保持严明的作风和铁的纪律，确保部队高度集中统一和安全稳定。这三个方面相互联系、密不可分，统一于建设强大人民军队的实践之中。

强军目标与我们党建军治军的指导思想和方针原则既一脉相承又与时俱进。坚持革命化现代化正规化相统一，是我们党建军治军的一贯思想。毛泽东领导制定了建设优良的现代化革命军队的总方针，邓小平提出了建设一支强大的现代化正规化革命军队的总目标，江泽民提出了政治合格、军事过硬、作风优良、纪律严明、保障有力的总要求，胡锦涛提出了按照革命化现代化正规化相统一的原则加强军队全面建设的重要思想。党在新形势下的强军目标，既与我军一以贯之的建军治军指导思想和方针原则相一致，又适应安全环境和使命任务的深刻变化，着力破解国防和军队建设前进道路上遇到的突出矛盾和问题，加快推进国防和军队现代化建设，在新的历史起点上建设强大人民军队。

强军目标明确了加强军队建设的聚焦点和着力点。军队建设涉及方方面面，在千头万绪中抓住听党指挥、能打胜仗、作风优良这三个方面，就抓住了建军治军的要害。坚持听党指挥，就能确保军队建设的政治方向，巩固党的执政地位，保证社会主义红色江山永不变色；聚焦能打胜仗，就抓住了军队建设的根本指向，切实提高履行根本职能的能力；始终做到作风优良，就能确保人民军队的性质永不变、老红军的传统永不丢、艰苦奋斗的政治本色永不改。抓住这三个方面，就筑牢了人民军队的根基，体现了人民军队 80 多年来贯穿始终、最为稳定、最为基本的通则，把握了革命化现代化正规化建设的实质和重点。

第三节　铸牢听党指挥这个灵魂

听党指挥，是人民军队魂之所系、命之所在。人民军队从诞生之日起，就始终在党的绝对领导下行动和战斗，克服了千难万险，战胜了一个个强敌。实现强军目标，必须在任何时候任何情况下铸牢这个强军之魂。

◇　一、听党指挥是我军的强军之魂

听党指挥是我军坚持正确政治方向的基本前提。军队举什么旗、走什么路、听谁的话、为谁服务，是建军兴军需要回答的首要问题，直接关系这支军队的前途命运。近代以来，无论是北洋新军，还是国民革命军，之所以最终堕落为个人和狭隘利益集团的工具而走向衰亡，说到底都是因为缺乏先进阶级及其政党的领导，没有正确的政治方向。唯有我们这支军队，在中国共产党的绝对领导下成长为一支新型人民军队，从小到大、由弱到强，不断从胜利走向胜利。今天，我军肩负着"三个提供、一个发挥"的新的历史使命，肩负着为实现中国梦提供坚强力量保证的神圣使命。只有毫不动摇地坚持党对军队绝对领导，才能始终不渝地坚持人民军队的根本性质和宗旨，有效应对复杂环境的考验，实现党在新形势下的强军目标。否则，我们就失去了强军征程中的"指南针"，就会偏离方向走向歧途。

◆〉**知识链接**〉•

"三个提供、一个发挥"是指新世纪新阶段我军要为党巩固执政地位提供重要的力量保证，为维护国家发展的重要战略机遇期提供坚强的安全保障，为维护国家利益提供有力的战略支撑，为维护世界和平和促进共同发展发挥重要作用。

听党指挥是确保我军能打胜仗的政治保证。打仗，不仅在于打钢铁、打硅片、打信息，还在于打人心、打组织、打政治，是政治军事仗、军事政治仗。在长期革命战争中，我军装备相当落后，物资极其匮乏，但却以劣胜优、以弱胜强，上演了一幕幕战争活剧，根本在于我军在党的绝对领导下，紧紧地和人民站在一起，克服了各种错误思想的影响，具有自觉的纪律、一往无前的精神和很好的内外团结，形成了正确的战略战术和组织形式，开展强有力的政治工作，从而激发出强大的战斗力。在战争形态和作战方式发生深刻变化的新形势下，只有坚持党对军队的绝对领导，才能靠我们党的政治智慧去赢得政治上全局上的主动，才能把我们党在军队的组织优势转化为制胜能力，才能用我们党的进步政治精神贯注部队激发战斗精神，才能把我们党的强大号召力动员力变成战胜一切敌人的深厚伟力，实现能打仗、打胜仗的目标。

听党指挥是保持人民军队作风优良的关键所在。作风是性质宗旨的外在反映。我军是党缔造和领导的人民军队，一系列优良传统和作风从根本上说来自于党。听党指挥是我军光荣传统的核心和精髓，是保持人民军队优良传统和作风的基础。守住了这个根本，就能不断传承红色基因，保持精神底色，把我党我军的光荣传统和优良作风发扬光大。当前，我军建设发展的内外环境与过去相比有很大不同，多元多样多变的思想文化和一些消极腐败现象也对官兵产生影响。只有坚持党对军队的绝对领导，以党的先进性保证军队的先进性，才能保持革命军人的崇高精神追求，坚持全心全意为人民服务的宗旨和艰苦朴素的政治本色，养成高度自觉的铁的纪律，抵御不良风气和和平积习的侵袭，永葆我军的优良传统和作风。

◇　**二、毫不动摇地坚持党对军队的绝对领导**

　　党对军队的绝对领导，是人民军队最根本的建军原则。在长期的实践中，党对军队绝对领导形成了一系列根本原则和制度。无论战争形态怎么演变、军队建设内外环境怎么变化、军队组织形态怎么调整，都必须始终不渝坚持。这个最根本的问题守不住，军队就会变质，就不可能有战斗力。

　　党对军队绝对领导的基本内容，主要包括：军队必须完全地无条件地置于中国共产党的领导之下，在思想上政治上行动上始终与党中央、中央军委保持高度一致，坚决维护党中央、中央军委权威，任何时候任何情况下都坚决听从党中央、中央军委指挥；决不允许向党闹独立，不允许其他政党在军队中建立组织和进行活动，也不允许任何个人向党争夺兵权；未经党中央、中央军委授权，任何人不得插手军队，更不得擅自调动和指挥军队。总之，党对军队的绝对领导就是党对军队实施独立的领导、直接的领导和全面的领导。党对军队绝对领导作为我国的基本军事制度，与人民代表大会制度这个根本政治制度是相适应相符合的，与中国共产党领导的多党合作和政治协商制度是相适应相符合的，也是坚持走中国特色政治发展道路的内在要求。

　　保证党对军队的绝对领导，事关我军性质和宗旨，事关社会主义前途命运，事关党和国家长治久安。在这个重大原则问题上，我们必须头脑特别清醒、态度特别鲜明、立场特别坚定。放弃对军队的领导权，是一些国家发生政治事变的一个重要原因。当年，苏共放弃对军队的领导，危急关头苏联军队袖手旁观，美其名曰"保持中立"，甚至有的直接投靠反对派，最后瞬时间苏联就分崩离析了、苏共就土崩瓦解了。苏东剧变后，各种"社会主义终结论"在西方甚嚣尘上，但我国不仅经受住了1989年春夏之交政治风波的考验，而且中国特色社会主义事业蒸蒸日上，其中很重要的原因就是我们党牢牢掌握军队。历史和现实反复告诫我们，没有一个党绝对领导下的人民的军队，就没有人民的一切，就难以保证社会主义的红色江山。

新形势下，我们党面临执政考验、改革开放考验、市场经济考验、外部环境考验的"四大考验"，面临精神懈怠危险、能力不足危险、脱离群众危险、消极腐败危险的"四种危险"。党要长期执政、执好政，根本靠纲领路线正确、人民群众拥戴，也需要军队提供重要力量保证。在前进的道路上，我们党只有牢牢掌握军队，才能有效应对敌对势力的捣乱破坏，更好地维护国家政治安全，有力地保障国家的长治久安，更好地支撑中华民族伟大复兴得以实现。

马克思主义认为，军队是执行政治任务的武装集团，是国家政权的重要组成部分，是服务于特定的阶级、民族、政治集团利益的工具。那种"军队非党化、非政治化"和"军队国家化"的观点是完全错误的。在政党政治成为当今世界各国主要政治现象的今天，军队总是以这样那样的方式置于政党的领导之下的。军队服从政党领导、纳入国家政权、服务政治目的，是现代国家的普遍原则，但各国实现的具体方式是不同的。我军是党的军队、人民的军队、社会主义国家的军队，这是高度一致的。"军队非党化"鼓吹军队不为某一政党所有，政党不在军队中建立自己的组织，军人不加入某个政党；"军队非政治化"鼓吹军队保持中立，不干预政治，不介入党派政治斗争；"军队国家化"鼓吹军队只效忠国家，不效忠某个党派。这些观点，是敌对势力针对人民军队进行的意识形态渗透，本质上是妄图用西方特色的、资产阶级性质的军队与政党、国家、政治的关系，来取代中国特色的社会主义性质的军队与政党、国家、政治的关系，以改变我军的性质，核心是要把我军从党的旗帜下拉出去，根本目的就是要使我军脱离党的领导，进而颠覆我国的社会主义制度和共产党的执政地位。对敌对势力骨子里的政治图谋，我们必须保持高度警觉，保持战略清醒和政治定力，决不能天真，决不能抱任何幻想，必须增强坚持我国基本军事制度的自觉自信。

◆◆ **知识链接**

　　党对军队的领导具有明确的法律授权。1982 年通过的《中华人民共和国宪法》序言明确肯定了中国共产党对国家的领导地位，当然也包括了党对军队的领导地位。1997 年通过的《中华人民共和国国防法》规定："中华人民共和国的武装力量受中国共产党领导。武装力量中的中国共产党组织依照中国共产党章程进行活动。"

◇ **三、确保军队建设坚定正确的政治方向**

　　打牢官兵高举旗帜、听党指挥的思想政治基础。思想政治建设，是革命化的核心，是我军的根本性建设。深入开展中国特色社会主义和中国梦宣传教育，使广大官兵成为中国特色社会主义的坚定信仰者、自觉践行者和有力保卫者。新形势下，必须紧密联系意识形态领域复杂形势和官兵思想实际，坚持灌输基本道理与划清是非界限相结合，坚持坚定政治信念与纯洁思想道德相结合，坚持继承优良传统与丰富时代内涵相结合，切实认清听党指挥的理论依据、法理依据、历史依据和实践要求，坚定党对军队绝对领导的政治自信和政治自觉。

确保枪杆子永远掌握在忠于党的可靠的人手中。政治路线确定后，干部就是决定因素。坚持党对军队绝对领导，关键一条就是坚持党管干部的原则，切实培养一支忠诚于党的事业的建军治军、统兵打仗的干部队伍。坚持德才兼备、以德为先的选人用人原则，坚持从政治上考察和使用干部，树立注重基层、注重实干、注重官兵公认的导向，把忠诚于党的人选出来，把谋打仗、练打仗、善打仗的人选出来。领导干部要切实从思想深处解决好信仰信念和立身做人的基本问题，防止做政治上、生活上、道德上的"两面人"。

保证在任何时候任何情况下都坚决听从党中央、中央军委指挥。坚持党对军队的绝对领导不是一句空洞的口号，必须落实在行动上，以行动来检验，切实做到平时听招呼、战时听指挥、关键时刻不含糊、一切行动听指挥。特别是在大风大浪面前，面临急难险重任务、生死攸关考验，更要把听党指挥落到行动上。在政治风浪的考验面前，能坚决捍卫、自觉践行党的理论和路线方针政策；在国家主权、安全、发展利益受到威胁时，能勇于担当，攻坚克难；在面对敌人强加于我的战争时，能勇挑重担，决战决胜；在人民面临危险时，能挺身而出，不辱使命。

第四节　扭住能打胜仗这个核心

军队因战争而生、为战争而存。能打仗、打胜仗，是军队存在的根本价值，是我军著称于世的一个重要原因。要扭住能打仗、打胜仗这个强军之要，坚持一切建设和工作向能打胜仗聚焦。

◇　一、能打胜仗是军队的根本职能和军队建设的根本指向

能打胜仗是军队有效履行使命的根本要求。战场打不赢，一切等于零。实现强军目标，要求我军在任何时候任何情况下都能够做到上得去、打得赢。当前，我们前所未有地接近中华民族伟大复兴的目标。越到冲刺阶段，越需要克服困难。在前进的道路上，中国面临的外部风险和挑战不断增多，面临的安全威胁更加复杂多变，因外部因素引起局部战争和武装冲突的可能性不能低估。我军要为实现中国梦提供战略支撑，排除民族复兴之路上的安全威胁和战略障碍，为实现中华民族和中国人民的最高利益再立新功，就必须加快提高打赢能力。

能打胜仗是军队存在的根本价值。军人生来为打赢，军队就要谋胜战。中国人民爱好和平，反对战争，但从不惧怕敌人强加于我们的战争。"朋友来了有好酒，若是那豺狼来了，迎接它的有猎枪"。在半殖民地半封建的旧中国，我们能打败日寇的侵略。在新中国成立之初，我们能在抗美援朝战争中战胜美军。今天，中国综合国力大幅上升，我们更有能力、有信心战胜任何胆敢侵犯的敌人。在事关维护国家根本利益的战事上，我军没有退路，只有敢于

亮剑，果断出手，决战决胜，才能不辜负党和人民的期望。

能打胜仗是强军目标的核心所在。军队首先是一个战斗队，我们必须扭住能打仗、打胜仗这个强军之要，按照打仗的要求搞建设、抓准备，做到脑子里永远有任务、眼睛里永远有敌人、肩膀上永远有责任、胸膛里永远有激情。军队现代化要向能打胜仗聚焦，革命化、正规化建设也要落实能打胜仗的要求，形成能打胜仗的合力。把能打胜仗作为核心要求，强军兴军就有了刚性标准，就能带动强军各要素全面发展。

✧ 二、能打胜仗必须做到召之即来、来之能战、战之必胜

强化忧患意识、克服松懈麻痹思想。相对和平的环境，容易滋生松懈麻痹思想，销蚀尚武精神。我军确保能打胜仗，首先就要牢固树立打仗意识，不断强化当兵打仗、带兵打仗、练兵打仗的思想，大力弘扬一不怕苦、二不怕死的战斗精神，使部队充满虎虎生气，让官兵充满血性胆气。

始终保持箭在弦上引而待发的战备状态。良好的战备状态是部队能打胜仗的重要前提，发挥着慑敌止战的重要作用。随着战争形态向信息化的加速演变，战争呈现出节奏加快、进程缩短、空间融合、作战精确的新特点，更加重视达成战役战术的突然性，首战往往即决战。如果没有高度的战备状态、快速的反应能力和长期的战争准备，战争中容易陷入被动，甚至招致失败。我军必须把日常战备工作提到战略高度，始终保持枕戈待旦、厉兵秣马的战备状态。

加快提高信息化条件下威慑和实战能力。我军素以能征善战著称于世，创造过许多辉煌的战绩。但必须看到，提高打赢能力是一

▲ **基层官兵战备状态**　　　　　　　　　　　（解放军画报社提供　王宁／摄）

个动态的、发展的过程，以前能打胜仗不等于现在能打胜仗。实现强军目标，要求我们必须紧跟世界新军事革命的步伐，加快中国特色军事变革的进程，一切工作向实现建设信息化军队、打赢信息化战争的战略目标聚焦，向实施信息化条件下联合作战的要求聚焦，向形成基于信息系统的体系作战能力聚焦，确保我军能有效维护和平、遏制危机、打赢战争。

◇　**三、坚持一切建设和工作向能打胜仗聚焦**

牢固树立战斗力这个唯一的根本的标准。只有牢固树立战斗力标准，才能在全军上下形成练精兵、谋打赢的正确导向，才能激发广大官兵建设部队、献身使命的热情动力，才能有效带动部队各项建设朝着强军胜战的方向去推动和落实。坚持用打得赢的标准搞建设，坚持把战斗力作为全军各项建设的出发点和落脚点，切实把战斗力标准在军事、政治、后勤、装备各领域全面立起来、落下去，按照战斗力标准来确定发展思路、实施决策指导、配置力量资源、选拔任用干部、评定工作成效、培树先进典型、创新军事理论，努力使各项工作经得起实战的检验。

坚持不懈拓展和深化军事斗争准备。军事斗争准备是军队的基本实践活动。现代战争具有准备时间长、战场交锋短的特点。海湾战争中，美国同伊拉克作战仅用 42 天。但为了打好这一仗，美军早于几年之前就在欧文堡国家训练中心展开了针对沙漠地形的作战训练。我军做好军事斗争准备，必须按照真抓实备的要求，统筹核心军事能力建设与非战争军事行动能力建设，统筹主要战略方向与其他战略方向，积极推动军事斗争准备向新型安全领域拓展。

推进信息化建设加速发展。提高打赢信息化条件下局部战争的能力，关键在于加快提高军队的信息化水平。坚持信息化建设这个方向，贯彻体系建设思想，加快信息技术、信息基础设施、信息系统、信息化装备等方面建设的步伐。坚持以信息化为主导，以机械化为基础，推动机械化信息化复合发展和有机融合。加速推进中国特色军事变革，切实增强新质作战能力，努力构建中国特色现代军事力量体系。加快发展高新技术武器装备，努力建设保障打赢现代化战争、服务部队现代化建设和向信息化转型的后勤，为建设信息化军队提供有力保障。

提高军事训练实战化水平。军事训练直接关系部队能打仗、打胜仗。军事训练水平上不去，军事斗争准备就很难落到实处，部队战斗力也很难提高，战时必然吃大亏。清朝的北洋水师不从实战出发进行训练，打靶演习时，"预量码数，设置浮标，遵标行驶。码数已知，放固易中"。平时军队"操练尽弛"是其最终在甲午战争中失败的一个重要原因。"兵可以百日无战，决不可一日不练"。坚持把军事训练摆在战略位置，从实战需要出发从难从严训练部队，仗怎么打兵就怎么练，打仗需要什么就苦练什么。突出抓好诸军兵种联合训练，注重搞好首长机关指挥训练，加强检验性、对抗性训练，在近似实战环境下摔打锻炼部队。端正训练指导思想，防止和纠正训为看、演为看、以牺牲战斗力为代价消极保安全等不良现象，树立正确的训风演风考风，完善训练、演习、考核的体制机制。

第五节　强固作风优良这个保证

优良作风是在血与火的锤炼中锻造而成的，体现了我军的性质、宗旨、本色。加强作风建设对强军兴军具有极端重要性，是当前军队建设的紧迫课题。必须以高度的政治自觉和有力的工作措施，持续抓好作风建设，大力弘扬优良作风，为实现强军目标提供有力保证。

◇　一、作风优良才能塑造英雄部队

古今中外军队的兴衰成败表明，作风优良才能塑造英雄部队，作风松散可以搞垮常胜之师。

作风优良是我军的鲜明特色和政治优势。在长期的革命战争中，我军创造和保持了许多优良作风，具体体现在坚定正确的政治方向、理论联系实际的思想作风、求真务实的工作作风、英勇顽强的战斗作风、勤俭节约的生活作风等方面。这是党的优良作风在军队中的延伸，是我军性质、宗旨的集中体现，是我军优良传统的重要组成部分。这一整套优良作风关系军队建设全局，是构成我军战斗力的重要因素和克敌制胜的重要法宝。

作风建设事关军队形象和战斗力建设。作风事关形象，形象就是力量。我军之所以成为常胜之师、威武之师、文明之师，既是在枪林弹雨中打出来的，也是靠优良作风树起来的。我军能被人民群众亲切地叫作"共产党的队伍""人民的子弟兵""最可爱的人"，靠的是一心为民、秋毫无犯、乐于奉献、敢于牺牲的精神，源自于老红军的本色、老八路的作风。作风就是战斗力，作风滋育战斗力。抗美援朝战争中，我军"气"多"钢"少，美军"气"少

▲ **火海冰潭砺硬骨**　　　　　　　　　（解放军画报社提供　李雪梅／摄）

"钢"多，我军打败了不可一世的美军，创造了以"气"胜"钢"的战绩，显示了过硬作风的强大威力。新形势下，塑造军队形象、提升军队战斗力，作风建设是个突破口。

改进作风是实现强军目标的紧迫课题。好的作风难在形成、贵在传承。在革命战争年代，我军主要在艰苦战斗中培育优良作风。在和平时期，作风建设面临市场经济、改革开放、军事变革等方面的新考验，有效克服社会上一些"病菌"和不良风气的影响，坚决反对形式主义、官僚主义、享乐主义和奢靡之风，坚决祛除一些人身上存在的歪风邪气，让军营充满堂堂正气、虎虎生气、融融暖气，为激发推动、整合生成、转化提升战斗力提供强有力的正能量，注入春风化雨的新营养，是迫切需要回答和解决好的一个重大课题。

◇　二、把作风建设作为一项基础性长期性工作抓紧抓实

作风优良是军队建设的一个重要方面，是一项事关全局的基础性工程。要把作风建设作为依法治军、从严治军的突破口，以踏石留印、抓铁有痕的狠劲，以常抓不懈、一抓到底的韧劲，把改进作风工作不断引向深入，贯彻到军队建设和管理的每个环节，为建设强大军队打好作风基础。

弘扬光荣传统和优良作风。我军在长期斗争和建设中形成的光荣传统和优良作风，体现了我军的政治本色，凝结着建军治军的根本原则和根本制度，是我军屡克强敌而不败的核心战斗力之一。在新的历史起点上，接续推进国防和军队现代化建设，需要继承和发扬我军的光荣传统和优良作风。在一轮轮新老交替中，

确保继承和发扬优良作风的接力棒一代接一代传承下去，永葆老红军的本色，打牢人民军队的政治底色，是个重大而艰巨的战略任务。

纠治官兵反映强烈的突出问题。贯彻整风精神，按照"照镜子、正衣冠、洗洗澡、治治病"的总要求，切实对作风之弊、行为之垢来一次大排查、大检修、大扫除，给"四风"来个当头棒喝、釜底抽薪。坚持用好的作风选作风好的人，清除用人上的不正之风，增强选人用人的科学性、准确性、公信度。重视基层风气问题，下大力气整治发生在士兵身边的不良行为，努力营造风清气正、和谐纯洁的良好环境。

突出领导干部这个重点。领导干部是建军治军的骨干、统兵打仗的核心，其一言一行、一举一动，都会对部属产生影响和示范作用。抓作风建设，关键在于领导带头，身体力行，以上率下，一级做给一级看，一级带领一级干。切实用好批评和自我批评这个武器，严格用党性标准来解剖自己，敢于叫响"向我看齐"这个口号，要求别人做到的自己首先做到，禁止别人去做的自己绝不去做。严格遵守党风廉政建设各项规定，既要严于律己，努力做到守得住清贫、耐得住寂寞、抵得住诱惑、经得起考验，又要加强对亲

◆◆〉**知识链接**〉•

　　2012 年 12 月 4 日，中共中央政治局召开会议，审议中央政治局关于改进工作作风、密切联系群众的八项规定：一、改进调查研究；二、精简会议活动；三、精简文件简报；四、规范出访活动；五、改进警卫工作；六、改

进新闻报道；七、严格文稿发表；八、厉行勤俭节约。

同月，中央军委印发《中央军委加强自身作风建设十项规定》：一、改进调研工作；二、大力改进会风；三、减少事务性活动；四、精简文件、电报、刊物、简报；五、规范出访活动；六、改进警卫工作；七、简化新闻报道；八、严格文稿发表；九、切实改进接待工作；十、严格廉洁自律。规定强调，军委每年年底对执行规定的情况进行检查，各总部、各大单位对军队落实规定情况予以监督，并参照执行。

属和身边工作人员的教育和约束，决不允许以权谋私，决不允许搞特权。

构建规范化、制度化的长效机制。一些不良风气，如同野草，锄翻了根，依旧能活过来；如同荆棘，砍断了茎，依旧能长芽。这种反复，一方面说明作风建设具有长期性、艰巨性；另一方面也说明，搞好作风建设，必须标本兼治，努力在建立和完善长效机制上有建树，不断清除滋生不正之风的土壤。要善于运用法治思维和法治方法抓作风建设，注重制定新的制度、完善已有的制度、废止过时的制度，切实编织起有利于扶正气、祛邪气的完备的制度体系。坚持把制度约束作为刚性约束，把制度特别是禁令作为带电的高压线，树立制度面前人人平等、执行制度没有例外的观念，坚决维护制度的严肃性和权威性。

推进依法治军、从严治军进程。军队作风优良从某种意义上讲，就是军纪严整。部队千军万马，运转如同一人，靠的是纪律。

令严方可肃军威，命重始足整纲纪。严则所向披靡，松则溃不成军。古今中外，有建树的军事家深谙慈不掌兵之道，把从严治军看成是军队制胜的基础。严格要求、严格教育、严格训练、严格管理，是我军治军的一贯要求。依法治军，是从严治军的高级形态，是依法治国在军队中的延伸，是适应军队现代化建设的必然要求。要着力夯实强军之基，把依法治军、从严治军的方针贯彻落实到部队建设的全过程和各方面，切实纠正有法不依、执法不严、违法不究的倾向。

▌ 本章小结 ▌⋯⋯⋯⋯

建设强大人民军队，是我们党的不懈追求。党在新形势下的强军目标，明确了在新的历史起点上加快推进国防和军队现代化建设的根本遵循和具体要求，为在全面建成小康社会进程中实现富国和强军的统一提供了行动纲领。努力实现党在新形势下的强军目标，需要铸牢听党指挥这个灵魂，扭住能打胜仗这个核心，强固作风优良这个保证，坚定不移走中国特色强军之路。

✎ 思 考 题

1. 如何理解党在新形势下的强军目标？

2. 新形势下为什么要始终坚持党对军队的绝对领导？

3. 作风建设对强军兴军有何重要意义？

第 四 章

奉行防御性国防政策

国防政策是国家制定的一定时期内指导国防活动的基本行动准则，是国家内外政策在国防安全领域的集中体现。中国奉行防御性国防政策，加强国防建设的目的是维护国家主权、领土完整，保障国家和平发展。

第一节　防御性国防政策是我国长期坚持的基本国策

防御性国防政策，就是以保卫国家安全、防备和抵抗侵略、维护世界和平为根本目的国防政策。新中国成立以来，我国始终不渝奉行防御性国防政策，在捍卫国家主权和安全的同时，致力于维护世界和平。《中华人民共和国宪法》明确规定，中国武装力量的任务是巩固国防，抵抗侵略，保卫祖国，保卫人民的和平劳动，参加国家建设事业，努力为人民服务。《中华人民共和国国防法》明确规定，中国在对外军事关系中，维护世界和平，反对侵略扩张行为。我国的发展道路、根本任务、对外政策和历史文化传统，决定我国必然实行防御性国防政策。

我们坚定不移走和平发展道路，坚持开放的发展、合作的发展、共赢的发展，通过争取和平国际环境发展自己，又以自身发展维护和促进世界和平。和平发展是根据时代发展潮流和国家根本利益作出的战略抉择，是中国特色社会主义的必然选择。当今时代，经济全球化、世界多极化、文化多样化和社会信息化深入发展，各国相互联系、相互依存、利益交融的程度空前加深，形成你中有我、我中有你的命运共同体，和平、发展、合作、共赢成为不可阻挡的时代潮流。当今中国，中国特色社会主义坚持人民富裕、社会公正、国家发展、世界和平的基本目标，成为实现中华民族伟大复兴的中国梦的必由之路。中国特色社会主义对内求和谐求发展、对外求和平求合作的本质特征，决定了我们的发展不可能走资本主义国家武力崛起和侵略扩张的道路，而只能走和平发展的道路。和平发展道路强调发展的和平性、开放性、合作性、互惠性，这就从根本上规定了我国国防政策的防御性质。

我们坚定不移推进改革开放和社会主义现代化建设，一切从社会主义初级阶段这个最大实际出发，牢牢扭住经济建设这个中心，聚精会神搞建设，一心一意谋发展。20世纪70年代末实行改革开放后，国家制定并实施了"三步走"的现代化发展战略：第一步实现国民生产总值比1980年翻一番，第二步到20世纪末实现国民生产总值再翻一番，第三步到本世纪中叶基本实现现代化，建成富强民主文明和谐的社会主义现代化国家。经过30多年的努力，我们已经胜利地实现了前两步目标，并进入全面建成小康社会新的发展阶段。但是，我国依然是世界上最大的发展中国家，人口多、底子薄，城乡和地区发展不平衡，生产力不发达状况没有根本改变。要实现党的十八大确定的"两个一百年"奋斗目标，需要长期和平稳定的国际环境，需要我们付出艰苦不懈的努力。我国国防必须服从服务于国家发展战略和安全战略，始终奉行防御性国防政策，为维护国家发展的重要战略机遇期提供坚强的安全保障。

我们坚定不移奉行独立自主的和平外交政策，从中国人民的根本利益和世界人民的共同利益出发来处理一切国际事务，在坚持和平共处五项原则的基础上同所有国家发展友好合作。中国人民经过长期前仆后继的英勇奋斗才取得国家独立和民族解放，因而极为珍惜自己来之不易的独立自主权利，始终把维护国家主权、统一、领土完整和安全放在第一位，决不会屈服于任何外来压力，决不会吞下损害自己利益的苦果。我们根据事情本身的是非曲直决定自己的立场和政策，不同任何国家和国家集团结盟，不以社会制度和意识形态的异同决定国家关系亲疏，不干涉别国内政；主张用和平方式解决国际争端和热点问题，反对动辄诉诸武力或以武力相威胁，反对颠覆别国合法政权，反对各种形式的霸权主义和强权政治；尊重世界文明多样性、发展道路多样化，推动国际关系民主化，增进人类共同利益，争取和平的国际环境和良好的周边环境。防御性国防政策要与独立自主的和平外交政策密切协调，坚持永远不称霸，永远不搞军事扩张和军备竞赛。

我们坚定不移秉承中华民族优秀文化传统和以和为贵的和平理念，主张用非军事手段解决争端、慎重对待战争和战略上后发制人。我国是一个有五千年文明历史的国家，历来热爱和平、追求和谐，崇尚"以和为贵""亲仁善邻""协和万邦"。这反映了我国没有扩张称霸的文化和传统，自古以来就希望天下太平、同各国人民友好相处。举世闻名的"丝绸之路"是一条贸易之路、文化之路、和平之路，铭刻下中国古人追求同各国人民友好交流、互利合作的历史足迹。明代著名航海家郑和率领当时世界上最强大的船队"七下西洋"，远涉亚非 30 多个国家和地区，带去的不是血与火、掠夺与殖民，而是瓷器、丝绸和茶叶。近代以来中国人民蒙受了外国侵略和内部战乱的百年苦难，深知和平的宝贵，决不会把自己遭受过的苦难再强加于人。中国的和谐文化表现在军事上，就是主张用非军事手段来解决争端和慎重对待战争，注重战略防御和后发制人，崇尚"不战而屈人之兵"。新中国的国防政策，继承和发扬了中国优良的历史文化传统。

◆▶ 知识链接 ▷

"丝绸之路"起始于汉朝，兴盛于唐朝，发展于宋元明，总长约 7000 公里，大体可以分为北、中、南三条路线，是连接亚洲、非洲和欧洲的古代陆路商业贸易路线。在长达上千年的时间里，我们的先人们还开辟了沟通东西方的"海上丝绸之路"。2013 年，以习近平同志为总书记的党中央提出建设"丝绸之路经济带"和"21 世纪海上丝绸之路"的战略构想。

回顾新中国国防政策 60 多年的发展历程，可以概括出以下六条具有普遍意义的基本原则：

一是坚持战略防御。不论环境、利益和实力如何变化，我国的国防政策始终是防御性的，决不对外侵略扩张和争夺霸权，军事上严守自卫立场，国防的根本任务就是抵抗侵略、保卫祖国、保卫人民的和平劳动。作为防御性国防政策核心的积极防御军事战略，坚持战略上的防御、自卫和后发制人，坚持"人不犯我，我不犯人；人若犯我，我必犯人"，坚持战略上的防御与战役战斗上的积极攻势行动的有机统一。

二是坚持独立自主。 独立自主是我国国防现代化的基本方针。像中国这样一个人口众多、幅员辽阔的大国，必须以国内力量为主，独立自主、自力更生地建设和巩固国防。从国情军情出发制定国防政策和军事战略，不参加任何军事集团，独立地处理一切国防安全事务；以自力更生为主建设国防工业和国防科技体系，自主发展中国特色的军事理论；在国家安全受到危害时，依靠自己的力量捍卫国家主权和安全。

三是坚持全民自卫。 我国的国防是全民的国防。坚持和发展人民战争的战略思想，始终依靠人民建设和巩固国防，是我们的真正优势和力量所在。实行精干的常备军与强大的国防后备力量相结合，在加强军队建设的同时高度重视民兵、预备役部队建设；按照平战结合、军民结合、寓兵于民的方针，不断调整和完善国防动员体制，提高国防动员能力；探索人民群众参战支前的新途径，发挥人民战争的整体威力。

四是坚持协调发展。 发展经济和加强国防，始终是我国现代化建设的两大战略任务。国家坚持以经济建设为中心，国防建设必须服从和服务于这个大局，紧密配合这个大局。同时，国家必须在经济发展的基础上推进国防现代化，形成与经济实力相协调、与国家安全需要相适应的军事实力。军队要加强质量建设，走中国特色的精兵之路，走投入较少、效益较高的现代化建设道路，走复合式、跨越式的发展道路。

五是坚持维护和平。 维护世界和平，反对侵略扩张行为，是我国国防的重要目标和任务。中国的前途同世界的前途紧密相连，中国的国防同世界的和平息息相关。坚持维护和平，是保障国家安全和发展与履行国际义务的统一，体现了国家的性质和内外政策。中国反对霸权主义和强权政治，反对战争政策、侵略政策和扩张政策，反对军备竞赛，支持一切有利于维护世界和地区和平、安全、稳定的活动。

六是坚持党的领导。 坚持中国共产党对国防的领导，是国家安全和发展的根本保证。党和国家共同设立中央军事委员会，组成人员和对军队的领导职能完全一致，既能保证党对军队的绝对领导，又恰当地规定了军队在国家体制中的地位。党对军队实行领导的根本制度，是党委（支部）统一的集体领导下的首长分工负责制。省军区、军分区、人民武装部和预备役部队，实行军队系统和地方党的委员会的双重领导制度。

第二节　新形势下防御性国防政策的时代内涵

我国改革开放的历史进程已进入加快发展和利益拓展的新阶段，处于国家发展的重要战略机遇期。经济总量跃升到世界第二位，综合国力、国际地位、国际影响力不断提高，充分利用国内外两个市场、两种资源在更大范围、更广领域、更高水平上推进对外开放，在经济、政治、科技、文化、安全等方面同国际社会形成了前所未有的紧密联系。现阶段我国发生大规模外敌入侵的战争可能性不大，发展问题上升为影响国家安全的全局性问题，安全威胁日趋综合、复杂和多变。

✧ 一、防御性国防政策的基本原则不会改变，但其时代内涵和表现形式将发生新的变化

一是范围拓展。随着中国发展与世界发展的关联度空前增强，国家的安全利益正在从领土安全向海洋、太空和网络空间安全延伸，从国土安全向海外利益安全延伸，从传统安全向非传统安全延伸。同时，核威慑下的陆海空天电网一体的信息化局部战争成为主要战争威胁。国家利益拓展和战争空间特性的变化，要求军事力量在更大空间范围内维护国家利益和争取战略主动。20世纪80年代，我国战略防御范围已从纵深腹地转向周边地区。今天，战略防御更应突破只在沿海的局限，要积极构筑周边地缘战略依托、拓展防卫前沿、调整战略布局和抢占战略制高点。

二是目标拓展。国防的根本目标没有改变，但具体战略行动的目标增添了新的内容。从打赢战争到遏制战争。国家安全和发展

▼ **导弹齐射**

（解放军画报社提供　代宗锋／摄）

战略全局要求把遏制战争作为首要目标，实现遏制战争与打赢战争的统一。我国安全环境极为复杂，主要和次要战略方向都存在发生危机和冲突的现实可能。战略指导必须前移重心，营造态势、管控危机、慑止冲突，最大限度保持战略稳定。从争取和平到维护和平。在过去相当长的时期内，我国国防的重要目标是争取更长一点时间的和平。在以和平和发展为主题的新时代，维护国家和平发展、维护世界和平成为国防的基本目标。

三是任务拓展。中国与世界从未像今天这样紧密相连，国防要从国内外因素的交互作用中思考和解决国家安全问题，实现巩固内部安全与防范外来威胁的统一。国家各战略方向存在不同安全威胁和挑战，国防要推动主要战略方向和其他战略方向军事斗争准备的协调发展，维护海上、陆上、空天和网络空间安全。传统安全威胁依然存在，非传统安全威胁不断上升，国防要从传统和非传统安全因素的相互交织中把握发展方向，提高军队应对各种安全威胁、完成多样化军事任务的能力。国家加快实施走出去战略，国防要在确保国土安全的同时，保护海外利益安全。

四是手段拓展。面对多元复杂的安全威胁，国防要着眼多种国力要素的综合运用，增强军事手段运用的积极性和主动性，统筹军事硬实力和软实力，密切配合政治、经济、外交、文化、法律等手段，实现国家的综合安全。非战争军事行动内容广泛、形式多样，强度低、效益高，有限性和可控性较强，拓展了战略运筹的空间。要在准备打赢信息化条件下局部战争的基础上，从战略的高度筹划和实施非战争军事行动，灵活运用军事威慑、军事存在、联合军演、海上护航、应急救援等行动样式，坚决维护国家安全和发展利益，认真履行国际责任和义务，主动推进国际军事安全合作。

◇ 二、现阶段我国防御性国防政策的主要内容

第一，维护国家主权、安全、领土完整，保障国家和平发展。这是我国加强国防建设的基本目标，也是宪法和法律赋予我国武装力量的神圣职责。主权是一个国家的生命和象征，安全是一个国家赖以生存发展的前提和保障。国家武装力量始终把维护主权和安全、保护人民利益放在高于一切的位置，防备和抵抗侵略，遏制分裂势力，保卫边防、海防、空防安全，维护国家海洋权益和在太空、网络空间的安全利益。坚持用和平方式解决国际争端，反对动辄使用武力或以武力相威胁，在事关国家主权和领土完整的根本问题上决不退让和妥协。国防政策的防御性与保卫国家利益的坚决性是统一的，如果有谁敢于危害我国的核心利益，我们有权采取包括军事手段在内的一切必要措施。

第二，统筹经济建设和国防建设。经济建设和国防建设的关系，是社会主义现代化建设必须正确认识和处理的重大课题。经济建设是国防建设的基本依托，只有国家经济实力增强了，国防建设才有更大发展。国防建设是我国现代化建设的战略任务，只有把国防建设搞上去了，经济建设才会有更加坚强的安全保障。坚持经济建设与国防建设协调发展的方针，走中国特色军民融合式发展路子，逐步形成基础设施和重要领域军民深度融合的发展格局，努力实现富国和强军的统一。坚持需求牵引、国家主导，发挥市场在资源配置中的基础性作用，既充分利用经济社会发展成果推进国防建设，又积极发挥国防建设对经济社会发展的重要拉动作用，使经济建设和国防建设相互促进、协调发展。

第三，加快推进国防和军队现代化。我军现代化水平与国家安全需求和世界先进军事水平相比还存在较大差距，要求国防和军队现代化建设有一个大的发展。按照国防和军队现代化建设"三步走"战略构想，着眼2020年基本实现机械化并使信息化建设取得重大进展的目标，坚持以机械化为基础，以信息化为主导，推动机械化信息化复合发展和有机融合。坚定不移把信息化作为军队现代化建设发展方向，加快新型作战力量建设，发展高新技术武器装备，全面建设现代后勤，培养高素质新型军事人才，开展信息化条件下军事训练，增强基于信息系统的体系作战能力。深化国防和军队改革，提高国防科技工业自主创新能力，推进军队组织形态现代化，构建中国特色现代军事力量体系。

第四，贯彻新时期积极防御军事战略方针。坚持军事服从政治、战略服从政略，适应国家安全和发展战略新要求、战争形态演进新趋势，与时俱进加强军事战略指导，为国家和平发展营造有利战略态势。立足打赢信息化条件下局部战争，统筹推进各方向各领域军事斗争准备，统筹加强海上军事斗争，加快联合作战指挥体制改革，加强诸军兵种力量联合准备和联合运用，提高日常战备水平。着眼全面履行新世纪新阶段军队历史使命，积极运筹和平时期军事力量运用，形成预防危机、遏制战争、打赢战争的有机统一，有效应对多种安全威胁，完成多样化军事任务。坚持和发展人民战争的战略思想，把握新的时代条件下人民战争的新特点新要求，创新内容和方式方法，充分发挥人民战争的整体威力。

第五，坚持自卫防御的核战略。我国拥有少量核武器完全是出于自卫的需要，根本目标是遏制他国对我国使用或威胁使用核武器。中国始终奉行在任何时候、任何情况下都不首先使用核武器的政策，无条件地承诺不对无核武器国家和无核武器区使用或威胁使用核武器，主张全面禁止和彻底销毁核武器，不参加核军备竞赛。我国坚持自卫反击和有限发展的原则，着眼于建设一支满足国家安全需要的精干有效的核力量，确保核武器的安全可靠，保持核力量的战略威慑作用。核导弹部队和战略导弹核潜艇部队直接由中央军委指挥，在国家遭受核威胁时根据中央军委命令，提升戒备状态，做好核反击准备，慑止敌人对我国使用核武器；在国家遭受核袭击时，使用导弹核武器对敌实施坚决反击。

第六，维护世界和地区和平稳定。中国的安全和发展与世界的和平繁荣息息相关，中国军队始终是维护世界和平和地区稳定的坚定力量。中国倡导互信、互利、平等、协作的新安全观，反对各种形式的霸权主义和强权政治，寻求实现综合安全、共同安全、合作安全。按照和平共处五项原则开展对外军事交往，发展不结盟、不对抗、不针对第三方的军事合作关系，推动建立公平有效的集体安全机制和军事互信机制。深化国际安全合作，参加联合国维和行动、国际反恐合作、国际护航和救灾行动，举行中外联演联训，积极承担相应的国际军事安全责任和义务，为国际安全提供更多的公共产品。支持按照公正、合理、全面、均衡的原则，实现有效裁军和军备控制，维护全球战略稳定。

第三节　完善国防领导管理体制

国防领导管理体制是党和国家领导管理国防活动的组织体系及相应制度。我国根据宪法、国防法及其他有关法律，建立和完善国防领导管理体制。国家对国防活动实行统一的领导。我国的武装力量受中国共产党领导。党的中央军事委员会和国家的中央军事委员会，组成人员和对军队的领导职能完全一致。

新中国成立以来的各个历史时期，国防领导管理体制进行了多次调整，在实践中不断发展和完善。

1949 年 10 月，根据《中国人民政治协商会议共同纲领》和《中华人民共和国中央人民政府组织法》的规定，设立中央人民政府人民革命军事委员会，作为国家最高军事领导机关，取代原有的中共中央革命军事委员会。

1954 年 9 月，第一届全国人民代表大会通过的《中华人民共和国宪法》规定，中华人民共和国主席统帅全国武装力量，担任国防委员会主席。一届全国人大一次会议决定，设立国防委员会和国防部。国防委员会为咨询机构，其成员包括中国共产党和党外的著名军事将领。9 月 28 日，一届全国人大一次会议闭幕的当天，中共中央政治局作出《关于成立党的军事委员会的决议》，指出必须同过去一样在中央政治局和书记处之下成立党的军事委员会，担负整个军事工作的领导。中央政治局、书记处和军事委员会有关军事工作的决定，可用军事委员会（简称军委）的名义由内部系统下达，其须公开发布的命令和指示，则用国务院或国防部的名义下达。1975 年和 1978 年宪法取消了国家主席的设置，规定军队由党中央主席统帅，军队和国家的关系不明确。

1982 年 12 月，第五届全国人民代表大会第五次会议通过的现行宪法规定，设立中华人民共和国中央军事委员会，领导全国的武装力量。中央军事委员会实行主席负责制，对全国人大及其常委会负责。这就从法律上明确了军队是国家的军队。宪法明确肯定了党在国家生活中的领导作用，当然也包括党对军队的领导。中央军委既是国家的中央军委，又是党的中央军委，实际上是一套人马、两块牌子。这就确立了党和国家高度集中统一行使领导职权的国防领导管理体制。

全国人民代表大会选举国家的中央军委主席，根据中央军委主席的提名，决定中央军委其他组成人员的人选；决定战争和和平的问题，并行使宪法规定的国防方面的其他职权。全国人大常委会在全国人大闭会期间决定战争状态的宣布，决定全国总动员或者局部动员，并行使宪法规定的国防方面的其他职权。国家主席根据全国人大及其常委会的决定，宣布战争状态，发布动员令，并行使宪法规定的国防方面的其他职权。

国务院领导和管理国防建设事业，编制国防建设发展规划和计划，制定国防建设方面的方针、政策和行政法规，管理国防经费和国防资产，领导和管理国防科研生产，领导和管理国民经济动员工作和人民武装动员、人民防空、国防交通等方面的有关工作，拥军优属和退役军人安置工作，领导国防教育工作，与中央军委共同领导人民武装警察部队、民兵的建设和征兵、预备役工作以及边防、海防、空防的管理工作，动员准备和动员实施工作等，并行使法律规定的与国防建设事业有关的其他职权。国务院设有国防部以及其他与国防建设事业有关的部门。

为了加强国防领导管理的协调，国务院和中央军委建立了协调会议制度。会议议定的事项，由国务院和中央军委在各自的职权范围内组织实施。1994年成立的国家国防动员委员会，是在国务院、中央军委领导下主管全国国防动员工作的议事协调机构。目前，县级以上各级地方人民政府、军区和军兵种都成立了国防动员委员会。国防动员委员会下设人民武装动员、经济动员、人民防空、交通战备、国防教育等办公室。1991 年成立的国家边防委员会，2005 年更名为国家边海防委员会，由国务院和军队的有关部门组成，在国务院和中央军委领导下，负责指导协调全国的边海防工作。各军区和沿边沿海省、地、县三级都成立了边海防委员会，负责指导协调辖区内的边海防工作。

中央军委领导和统一指挥全国武装力量，决定军事战略和武装力量的作战方针，领导和管理人民解放军的建设，向全国人大或者全国人大常委会提出议案，制定军事法规，发布决定和命令，决定人民解放军的体制和编制，任免、培训、考核和奖惩武装力量成员，批准武器装备体制和发展规划、计划，并行使法律规定的其他职权。总参谋部、总政治部、总后勤部、总装备部，是中央军委的军事、政治、后勤、装备工作机关。总参谋部组织领导全国武装力量军事建设和组织指挥全国武装力量军事行动。总政治部负责管理全军党的工作，组织进行政治工作。总后勤部主管全军后勤工作。总装备部主管全军装备工作。

陆军未设独立的领导机关，由四总部行使领导机关职能，各军区直接领导所属陆军部队。海军、空军和第二炮兵领导各自部队的军事、政治、后勤、装备工作，参与联合作战指挥，领导机关均设有司令部、政治部、后勤部、装备部。

军区（战区）是根据国家行政区划、地理位置和战略战役方向、作战任务等设置的军事组织，是中央军委派出的战区联合作战指挥机构，领导所属部队的军事、政治、后勤和装备工作，设有司令部、政治部、联勤部、装备部。主要负责制定战区部队战备、作战及后备力量建设的规划计划，组织指挥战区内诸军兵种联合作战、实施联勤和装备保障等。我军现设有沈阳、北京、兰州、济南、南京、广州、成都 7 个军区，下辖陆军集团军、兵种部队、后勤保障部队和省军区（卫戍区、警备区）。

省军区（卫戍区、警备区）隶属于军区，同时是省（直辖市、自治区）党委的军事工作部门和政府的兵役工作机构，受军区和同级地方党委、政府的双重领导。军分区（警备区）隶属于省军区，同时是地区（地区级市、自治州、盟）党委的军事工作部门和政府的兵役工作机构，受省军区和同级地方党委、政府的双重领导。人民武装部隶属于军分区，同时是县（旗、县级市、市辖区）党委的军事工作部门和政府的兵役工作机构，受军分区和同级地方党委、政府的双重领导。国家在乡（镇）、街道设立的基层人民武装部，属非现役机构，配备专职人民武装干部，接受同级地方党委、政府和上级军事机关的双重领导。

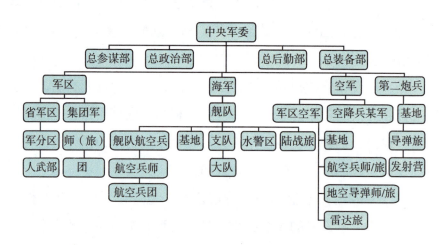

中国人民解放军组织结构示意图

此外，地方各级人大和县级以上地方各级人大常委会在本行政区域内，保证有关国防方面的法律法规的遵守和执行。地方各级人民政府依照法律规定的权限，管理本行政区域内的征兵、民兵、预备役、国防教育、国民经济动员、人民防空、国防交通、国防设施保护、退出现役的军人的安置和拥军优属等工作。地方各级人民政府和驻地军事机关根据需要召开军地联席会议，协调解决本行政区域内有关国防事务的问题。

当前我国国家安全内涵和外延比历史上任何时候都要丰富，时空领域比历史上任何时候都要宽广，内外因素比历史上任何时候都要复杂。党的十八届三中全会通过的《中共中央关于全面深化改革若干重大问题的决定》，明确提出设立国家安全委员会、推进军队领导管理体制改革等战略任务，将整体推动党和国家国防领导管理体制的改革完善，有效应对国防和军队建设面临的新情况新挑战。我们必须坚持总体国家安全观，以人民安全为宗旨，以政治安全为根本，以经济安全为基础，以军事、文化、社会安全为保障，以促进国际安全为依托，走出一条中国特色国家安全道路。完善党和国家领导管理国防的实现方式，健全国防法制，加强军政协调和监督检查，保障和推动国防和军队建设沿着法治化轨道前进。按照调整职能、理顺关系、优化结构、提高效能的思路，优化职能配置和机构设置，调整改革体制机制和政策制度，形成中国特色的现代大国防领导管理体制。加强集中统一领导，优化情报信息保障，建立健全国防决策咨询制度，提高国防决策科学化水平。

第四节　构建中国特色武装力量体系

武装力量是国家或政治集团所拥有的各种武装组织的统称。中国共产党在领导中国人民进行长期的革命战争中，逐步建立发展了适应人民战争需要的野战军、地方军和民兵三结合的武装力量体制。新中国成立后，对在新的历史条件下如何坚持和发展这一武装力量体制，进行了长时间的实践和探索。1997年3月公布的《中华人民共和国国防法》明确规定："中华人民共和国的武装力量，由中国人民解放军现役部队和预备役部队、中国人民武装警察部队、民兵组成。"进入新世纪以来，中国武装力量适应国家发展战略和安全战略新要求，深化改革创新，调整优化结构，加强质量建设，努力构建中国特色的现代化武装力量体系。

◇ 一、推进人民解放军的战略转型

陆军是人民解放军的基础，是主要在陆地遂行作战任务的军种，包括机动作战部队、边海防部队、警卫警备部队等，实行集团军、师（旅）、团、营、连、排、班体制。陆军机动作战部队包括18个集团军和部分独立合成作战师（旅），现有85万人。陆军长期以步兵为主，土地革命战争时期有了少量的骑兵、炮兵、工程兵和通信兵，解放战争时期建立了坦克兵和防化兵。20世纪50年代，成立了炮兵、装甲兵、工程兵和防化兵等兵种领导机关。80年代以来，增设了陆军航空兵、电子对抗兵等兵种，并于1985年组建陆军集团军。陆军已由单一兵种发展成为诸兵种合成的现代陆军，正按照机动作战、立体攻防的战略要求，积极推进由区域防卫型向全域机动型转变，逐步实现部队编成的小型化、模块化、多能化，提高空地一体、远程机动、快速突击和特种作战能力。装甲兵加强数字化部队建设，完善重型、轻型、两栖和空降突击作战体系；炮兵发展信息化程度较高的武器装备和新型弹药，形成战役战术全纵

深火力打击体系；防空兵加快发展新型雷达、指挥信息系统和中高空地空导弹，形成新型弹炮结合的火力拦截体系；陆军航空兵加快推进由支援保障型向主战突击型转变，根据任务需要实行模块化编组；工程兵加速建设平战结合、反应灵活、多能一体的新型作战保障力量；防化兵积极推进平战结合、军民结合、军兵种结合的核生化防护一体化建设。

◆◆ 〉 **知识链接** 〉•·····

　　集团军由师、旅编成，隶属于军区，为基本战役军团。师由团编成，隶属于集团军，为基本战术兵团。旅由营编成，隶属于集团军，为战术兵团。团由营编成，通常隶属于师，为基本战术部队。营由连编成，通常隶属于团或旅，为高级战术分队。连由排编成，为基本战术分队。沈阳军区下辖第 16、39、40 集团军，北京军区下辖第 27、38、65 集团军，兰州军区下辖第 21、47 集团军，济南军区下辖第 20、26、54 集团军，南京军区下辖第 1、12、31 集团军，广州军区下辖第 41、42 集团军，成都军区下辖第 13、14 集团军。

　　海军是人民解放军的战略性军种，是海上作战行动的主体力量，担负着保卫国家海上方向安全、领海主权和维护海洋权益的任务，主要由潜艇部队、水面舰艇部队、航空兵、陆战队、岸防部队等兵种组成。海军现有 23.5 万人，平时实行作战指挥与建设管理合一的领导体制，下辖北海、东海和南海 3 个舰队，舰队下辖舰队航空兵、基地、支队、水警区、航空兵师和陆战旅等部队。担负核反击任务的战略导弹核潜艇部队，直接由中央军委指挥。20世纪50年代至70年代，海军的主要任务是在近岸海域实施防御作战。80年代以来，海军实现了向近海防御的战略转变。海军正按照近海防御的战略要求，着力提升近海综合作战力量现代化水平，完善综合电子信息系统装备体系，提高远海机动作战、远海合作与应对非传统安全威胁能力，增强战略威慑与反击能力，逐步实现由近海防御向近海防御和远海防卫型的战略转变。加快建造新型国产潜艇、驱逐舰、护卫舰和飞机，初步形成以第二代装备为主体、第三代装备为骨干的武器装备体系。加强综合保障基地和海上后勤保障平台建设，装备新型大型综合补给舰、大型万吨级制式医院船以及救护艇、救护直升机，海上保障能力明显提高。2012年9月，第一艘航空母舰"辽宁"号交接入列。我国发展航空母舰，对于建设强大海军和维护海上安全具有深远意义。

空军是人民解放军的战略性军种，是空中作战行动的主体力量，担负着保卫国家领空安全和领土主权、保持全国空防稳定的任务，主要由航空兵、地面防空兵、雷达兵、空降兵、电子对抗兵等兵种组成。空军现有兵力39.8万人，平时实行作战指挥与建设管理合一的领导体制，下辖沈阳、北京、兰州、济南、南京、广州、成都7个军区空军和空降兵1个军，军区空军下辖基地、航空兵师（旅）、地空导弹师（旅）、雷达旅等。20世纪50年代初，组建歼击、轰炸、强击、侦察、运输航空兵、空降兵部队和一批院校。1957年空军和防空军合并，实行空防合一体制。60年代至70年代，确立重点发展防空力量的指导思想，逐步发展成为一支国土防空型的空军。90年代以来，空军进入快速发展时期，陆续列装了预警机、第三代作战飞机、第三代地空导弹以及一批较先进的信息化武器装备，具备了较强的防空和空中进攻作战能力，一定的远程精确打击和战略投送能力，开始由国土防空型向攻防兼备型转变。空军正按照攻防兼备的战略要求，加强以侦察预警、空中进攻、防空反导、战略投送为重点的作战力量体系建设，发展新一代作战飞机、新型地空导弹、新型雷达和大型运输机等先进武器装备，完善预警、指挥和通信网络，提高战略预警、威慑和远程空中打击能力，加快建设一支空天一体、攻防兼备的强大人民空军。

　　第二炮兵是中央军委直接掌握使用的战略部队，是我国实施战略威慑的核心力量，主要担负遏制他国对我国使用核武器、遂行核反击和常规导弹精确打击任务，由核导弹部队、常规导弹部队、作战保障部队等组成。导弹部队编有导弹基地、导弹旅和发射营。我国于1956年开始发展战略导弹武器，1957年组建战略导弹科研、训练和教学机构，1959年组建第一支地地导弹部队，1966年7月1日正式成立第二炮兵。20世纪70年代后期，确立建设中国特色的精干有效战略导弹部队的目标。90年代，组建常规导弹部队，进入了核与常规导弹力量协调发展的新阶段。进入21世纪，努力推进信息化建设跨越式发展。经过几十年的建设，第二炮兵已形成核常兼备、固液并存、射程衔接、战斗部种类配套的武器装备体系，建设成为一支精干有效、核常兼备的战略力量，具备陆基战略核反击能力和常规导弹精确打击能力。第二炮兵正按照精干有效的原则，加快推进信息化转型，依靠科技进步推动武器装备自主创新，利用成熟技术有重点、有选择改进现有装备，提高导弹武器的安全性、可靠性、有效性，完善核

▲ 第二炮兵部队　　　　　　　　　　　　　　　（国防部外事办公室提供）

常兼备的力量体系，增强快速反应、有效突防、精确打击、综合毁伤和生存防护能力，战略威慑与核反击、常规精确打击能力稳步提升。

预备役部队是以现役军人为骨干、预备役官兵为基础，按照军队统一的体制编制组成的武装力量，实行军队与地方党委、政府双重领导制度。预备役部队组建于1983年，于1986年正式列入人民解放军建制序列。1995年全国人大常委会通过《中华人民共和国预备役军官法》，1996年中央军委为预备役军官评授军衔，1997年公布的《中华人民共和国国防法》明确规定人民解放军由现役部队和预备役部队组成。预备役部队编有预备役师、旅、团，主要按地域进行编组，以省建师、以地（州、市）建旅（团）或跨地（州、市）建师（旅）、跨县（市、区）建团。预备役部队已发展成为由陆军、海军、空军和第二炮兵预备役部（分）队组成的重要后备力量，正加快由数量规模型向质量效能型、由直接参战型向支援保障型转变、由补充一般兵员向补充技术兵员为主转变，努力成为现役部队的得力助手和国防后备力量的拳头。

✧　二、建设现代化武装警察力量

中国人民武装警察部队是我国武装力量的组成部分，平时主要担负执勤、处置突发事件、反恐怖、参加和支援国家经济建设等任务，战时配合人民解放军进行防卫作战。武警部队属于国务院编制序列，由国务院、中央军委双重领导，总员额为66万人。武警部队由内卫部队和警种部队组成，公安边防、消防、警卫部队列入武警序列。武警总部是武警部队的领导指挥机关，下设司令部、政治部、后勤部，负责领导管理武警内卫和警种部队，指导列入武警部队序列的其他部队。武警内卫部队包括省（自治区、直辖市）总队和机动师。在我国各级行政区划内，省级设武警总队，地区级设武警支队，县级设武警中队。武警机动师下辖团、营、连，分布在若干省、自治区和直辖市内。警种部队包括黄金、森林、水电、交通部队，分别设有指挥部，为该部队的领导指挥机关。

武警部队是国家处置公共突发事件、维护社会稳定的骨干和突击力量。2009年8月颁布实施的《中华人民共和国人民武装警察法》，明确了武警部队执行安全保卫任务的范围、措施和保障办法。武警部队统筹加强执勤安保、处突维稳、反恐突击、抢险救援、应急保障、空中机动等六种力量建设，优化编成和力量布局，加强检

▲ 武装警察部队人装协同训练　　　　　（解放军画报社提供　冯凯旋／摄）

验性、对抗性训练，在近似实战的环境中摔打锻炼部队。推动信息化建设加速发展，完善具有武警特色的装备体系，不断增强基于信息系统的执勤处突能力。

✧ 三、加强民兵建设

　　民兵是不脱产的群众武装组织，是人民解放军的助手和后备力量，担负参加社会主义现代化建设、执行战备勤务、参加防卫作战、协助维护社会秩序和参加抢险救灾等任务。在国务院、中央军委统一领导下，民兵工作实行地方党委、政府和军事系统的双重领导。全国的民兵工作，由总参谋部主管。军区按照上级赋予的任务，负责本区域民兵工作。省军区、军分区和县（市、区）人民武装部是本地区的军事领导指挥机关，负责本区域的民兵工作。乡（镇）、街道和企事业单位设立的基层人民武装部，负责民兵工作的具体组织与实施。地方各级党委和人民政府，对民兵工作实行统一计划和部署。民兵组织分为基干民兵组织和普通民兵组织。基干民兵组织编有应急队伍、联合防空、情报侦察、通信保障、工程抢修、交通运输等支援队伍，以及作战保障、后勤保障、装备保障等储备队伍。民兵建设注重调整规模结构，改善武器装备，推进训练改革，提高以支援保障打赢信息化条件下局部战争能力为核心的完成多样化军事任务能力。

▌本章小结 ▌…………

防御性国防政策是我国长期坚持的基本国策，这是由国家的发展道路、根本任务、对外政策和历史文化传统决定的。在新的历史条件下，防御性国防政策的基本原则不会改变，但其时代内涵和表现形式正发生新的变化。根据宪法、国防法及其他有关法律，国家对国防活动实行统一的领导，不断完善国防领导管理体制。我国武装力量在中国共产党领导下，适应国家发展战略和安全战略新要求，努力构建中国特色的现代化武装力量体系。

✎ 思考题

1. 如何理解防御性国防政策的基本原则？

2. 新世纪新阶段防御性国防政策的主要内容是什么？

3. 我国国防领导管理体制由哪几部分组成，各自职能是什么？

第 五 章

实行积极防御军事战略

军事战略是筹划和指导战争全局的方针和策略，军事战略方针是一定时期内筹划和指导战争全局的纲领和原则。面对国际战略形势和国家安全环境的新变化，我国贯彻新时期积极防御军事战略方针，与时俱进加强军事战略指导，拓展和深化军事斗争准备，以适应国家发展战略和安全战略新要求。

第一节　贯彻新时期积极防御军事战略方针

积极防御战略思想是中国特色马克思主义军事理论的核心组成部分，是人民军队战胜国内外强敌、不断发展壮大自己的法宝和科学指南，是极富历史底蕴和鲜明时代特征的战略思想体系。积极防御是攻势防御，也就是在战略防御的前提下把进攻与防御辩证统一起来。它有两个最鲜明的特点：其一，把战略上的防御与战役战斗上的进攻有机结合起来，即总体上是防御的，但具体作战行动不囿于防御，而是在战略防御过程中采取积极的攻势行动；其二，把战略防御适时地导向战略反攻或战略进攻，即充分利用战略防御造成的有利态势，以带决战性的战略反攻，从全局上转变防御地位，继而发展为战略进攻，坚决打赢战争。积极防御的精髓还包括：坚持自卫立场，实行后发制人；坚持"人不犯我，我不犯人；人若犯我，我必犯人"；战略的持久战与战役战斗的速决战相结合；战略的内线作战与战役战斗的外线作战相结合；你打你的，我打我的；兵民是胜利之本；敢于以劣胜优、以弱胜强；立足于复杂和困难情况下打赢战争。

在不同的历史时期，积极防御战略思想有着不同的内容和表现形式。土地革命战争时期以诱敌深入为核心，形成以游击战和带游击性的运动战为主的人民战争战略战术。抗日战争时期以持久战为总方针，坚持"基本的是游击战，但不放松有利条件下的运动战"的作战方针。解放战争时期确立"以歼灭国民党有生力量为主而不是以保守地方为主"的方针，实行集中优势兵力、各个歼灭敌人的原则。抗美援朝战争时期，战略反攻阶段采取以运动战为主与部分的阵地战、游击战相结合的方针，战略防御阶段采取持久作战、积极防御的方针。

新中国成立后，中央军委对积极防御战略方针进行了六次充实、调整。20 世纪 50 年代中期，为应对美帝国主义可能的侵略，确立了积极防御的战略方针，强调决不先发制人。60 年代中期至70 年代初，面对美国、苏联、印度以及蒋介石"合围式"的军事威胁，确立有顶有放、诱敌深入、纵深歼敌的战略方针。70 年代中期至 80 年代初，重点应对苏联可能对我国三北地区的大规模入侵，提出了积极防御、诱敌深入的战略方针，后重新调整为积极防御战略方针。80 年代中期至 90 年代初，根据邓小平关于"世界大战一时打不起来"的科学判断，提出稳定北线、加强南线、强边固防、经略海洋的战略指导。90 年代初，针对两极格局终结和世界新军事变革兴起，制定新时期军事战略方针，把军事斗争准备的基点放在打赢现代技术特别是高技术条件下的局部战争上，提出以遏制战争、打赢战争为核心的战略指导。21世纪初，根据新的形势任务，充实完善新时期军事战略方针，把军事斗争准备基点放到打赢信息化条件下的局部战争上。

中央军委确立的新时期积极防御军事战略方针，适应世界军事发展的新趋势，反映国家安全和发展战略全局的新需求，明确提出建设信息化军队、打赢信息化战争的战略目标，正确解决了军事斗争准备的基点、主要战略方向等重大战略问题，是指导军事斗争实施和军事力量建设的根本方针。

这一方针立足打赢信息化条件下的局部战争。世界新军事革命向纵深发展，机械化战争形态向信息化战争形态加速转变，必须坚定不移把军事斗争准备的基点放在打赢信息化条件下局部战争上，提高基于信息系统的体系作战能力。把全面提高军队信息化水平作为发展方向，统筹加强军事信息系统、信息化主战武器装备系统和信息化支撑环境建设，健全完善联合作战指挥、联合训练和联合保障体制，加强诸军兵种联合准备和联合运用。统筹推进各方向各领域军事斗争准

知识链接

　　基于信息系统的体系作战能力，是以指挥信息系统为纽带和支撑，使各种作战要素、作战单元、作战系统相互融合，将实时感知、高效指挥、精确打击、快速机动、全维防护、综合保障集成为一体，所形成的具有倍增效应的作战能力。

备，加强战略预置，确保战略全局稳定。全面提高日常战备水平，加强针对性战备演习演练，妥善应对各种危机和重大突发事件。

这一方针坚持遏制危机、控制战局、打赢战争的战略指导。随着国家利益的拓展，安全环境的塑造日益紧迫，军事战略指导必须增加遏制威胁和控制危机的内容，形成遏制、控制和打赢战争三者的有机结合。前移战略指导重心，坚持军事斗争与政治、外交、经济、文化、法律等各领域的斗争密切配合，积极营造有利的战略态势，主动预防、化解危机，遏制武装冲突和战争爆发。合理确定作战目的，控制战争规模和进程，创造好的战争开局，主导战局发展，争取有利的战争结局。把打赢战争作为战略指导的落脚点，严密组织实施联合作战，机动灵活地运用兵力和选择战法，确保先机决胜。

这一方针着力提高军队应对多种安全威胁、完成多样化军事任务的能力。国家安全问题的综合性、复杂性、多变性明显上升，传统安全威胁和非传统安全威胁相互交织，要求军事战略必须树立综合安全的观念，重视和平时期军事力量的多样化运用。针对不同的安全威胁，灵活运用军事斗争样式，增强军事手段运用的适用性、综合性和整体性。以增强打赢信息化条件下局部战争的能力为核心，提高遂行抢险救灾、反恐维稳、维护权益、安保警戒、国际维和、国际救援等任务的能力，把非战争军事行动作为军事力量运用的重要方式。参与国际安全合作，开展多种形式的军事交流，推动建立军事互信机制。

这一方针坚持和发展人民战争的战略思想。面对现代战争的新变化，必须坚持全民办国防的方针，实行精干的常备军和强大的后备力量相结合，完善国防动员体制机制，提高预备役部队和民兵建设质量，增强国防动员平时服务、急时应急、战时应战能力。创新人民战争的内容和形式，探索人民群众参战支前的新途径，发展信息化条件下人民战争的战略战术。积极推进各个领域的军民融合，逐步形成在重大基础设施、海洋、空天、信息等关键领域军民融合发展格局，建立和完善军民结合、寓军于民的武器装备科研生产体系、军队人才培养体系和军队保障体系，走出一条中国特色军民融合深度发展的路子。

第二节　与时俱进加强军事战略指导

军事战略归根结底是治国之道。我国社会主义性质和国家的根本利益，决定了我们必须毫不动摇地坚持积极防御的军事战略。同时，面对国际战略形势和战争形态的深刻演变，安全威胁性质和方式的复杂变化，军事斗争准备的深入发展，积极防御战略思想必须适应国家发展战略和安全战略新要求，不断丰富完善时代内涵，充实新内容、拓展新领域、提升新能力、完成新使命，进一步增强战略指导的积极性、主动性和灵活性。

第一，为实现党和国家的战略目标服务。军事战略历来是为实现党和国家战略目标服务的。我们党和国家的战略目标，就是要实现"两个一百年"的目标，实现中华民族伟大复兴的中国梦。创新发展军事战略指导，必须牢牢抓住这个根本，为国家发展的重要战略机遇期提供坚强安全保障，为维护国家利益提供有力战略支撑，为国家和平发展营造更加有利的外部环境，为应对多种安全威胁、完成多样化军事任务实践提供科学指导。应对多种安全威胁首要的是应对国家被侵略、被颠覆、被分裂的威胁，军事战略指导必须坚持军事斗争准备龙头地位不动摇，坚持主要战略方向不动摇，坚持扭住核心军事能力建设不动摇，统筹推进非战争军事行动能力建设。战争是政治的继续，军事战略指导必须始终坚持军事服从政治、战略服从政略，善于从政治高度考察军事问题。当今时代军事和政治的联系更加紧密，政治因素对战争的影响和制约愈发突出，军事上是否用兵、怎样用兵、打还是不打、打到什么程度、何时打何时停，都要服从和服务于政治。毛泽东在总结中印边境自卫反击作战的经验时所说的"军事政治仗，或者说是政治军事仗"，深刻揭示了这一最重要的战略指导原则。

第二，拓展积极防御的范围和领域。安全威胁的新变化、利益拓展的新需求和强敌威胁的新样式，要求我们突破单纯守疆卫土的思维定式，拓展军事斗争行动空间，加大积极防御的战略纵深，高度关注海洋、太空、网络空间安全，抢占国际竞争战略制高点，提升国家战略投送能力建设，争取未来战争战略主动权。信息化战争呈现出大空间、多维度、广布势的新特点，陆海空天电网多维一体的中远程信息化精确打击成为现代战争的主要作战样式，这就要求我们加快推进军事战略由本土防御型向前沿防卫型转变，依托本土适度外拓战略空间，构筑新的战略外线，强化战略前沿用兵，在更大范围内实施防卫作战。我国拥有广泛的海洋战略利益，未来国家安全威胁主要来自海上，经略海洋、维护海权事关国家核心利益和中华民族伟大复兴。太空军事优势对现代战争进程和结局具有决定性影响，网络空间是信息时代的基本标志，世界主要国家纷纷制定太空和网空战略，发展太空和网络军事力量，给我国安全带来严峻挑战。国家利益的延伸和扩展，新兴领域安全问题日益凸显，要求我们必须拓宽军事战略视野，更加注重维护国家发展利益，更加注重海上军事斗争准备，更加注重谋求有利的战略态势。

第三，立足应对最困难最复杂局面。从最坏处着想、向最好处努力，是我们党指导战争和建设的重要方法论原则。冷战时期，由于我们扎扎实实地做好了反侵略战争准备，有效遏制了敌人可能对我国的军事入侵。毛泽东曾指出："准备好了敌人可能不来，准备不好敌人就可能来。"当前，实现中华民族伟大复兴进入关键时期，我国面临的安全环境越来越复杂严峻。习近平多次强调，在涉及领土主权的原则问题上，要坚守底线，坚决斗争、决不退让；要运用底线思维的方法，凡事从坏处准备，争取最好的结果。军事战略指导必须立足最复杂最困难的情况，把各项准备工作做充分、做扎实，确保任何时候任何情况下都能妥善应对、措置裕如。着眼最坏可能应对外部的战略遏制和领土主权争端，始终保持战略清醒和战略定力，做到有备无患、遇事不慌，牢牢掌握主动权。立足应对强敌干预、突发事件和最不利局面，周密计划、充分准备而后发起行动。针对不同威胁、对手和领域确立不同底线，坚持有理、有利、有节，针锋相对、刚柔相济，守住底线、稳中求进，力避事态朝不利于我的方向转化，为捍卫国家领土主权和保持周边安全稳定创造有利条件。

第四，实施信息化联合攻防作战。信息技术在军事领域的广泛运用改变了战争的制胜机理，信息化战争成为全系统、全要素的整体对抗，制信息权成为夺取战场综合控制权的核心。从海湾战争到伊拉克战争的作战实践表明，谁掌握了信息优势，谁就掌握了现代战争主动权。创新发展军事战略指导，必须坚持信息主导的理念，适应现代战争体系对体系对抗的要求，构建信息化联合作战体系。综合发挥诸军兵种作战优长，科学编组各种参战力量，合理区分作战任务，做到长短相济、优势互补。贯彻体系破击、精确作战、集中歼敌的基本作战思想，精心运筹非对称、非接触、非线式作战，积极开展联合攻势行动，集中精兵利器实施决定性打击，力求先机制敌、速战速决。同时，严密组织信息化联合防御行动。加强国家战略防御体系建设，充分发挥战略预警体系、空天防御体系和信息攻防体系的协调配合作用，加强对远程精确打击武器、临近空间武器的侦察预警和拦截防护，组织各种信息防御作战力量展开信息防御行动，组织海上方向联合防御作战和战略要地联合防空反导作战，确保重要军事、政治和经济目标安全，确保战时各种作战力量的战略展开。

◆◆ 〉 **知识链接** 〉

> 体系破击思想是指综合运用各种方法和手段，从破坏敌作战体系整体性入手，着眼打击敌作战体系关节，造成敌作战力量结构的紊乱和作战行动程序结构的脱节，致使敌整体作战能力迅速降低，进而集中力量将其各个击破，达到瓦解、歼灭敌军之目的的作战行动。

第五，**坚持战略指导的灵活、机动、自主**。毛泽东战略战术思想的一个突出特点就是灵活机动，你打你的，我打我的。1980年，邓小平在一次研讨会上谈道：我们战略问题不能太死，我们军队的好处就是活。积极防御要求一切从实际出发，以时间、地点、部队、任务和条件为转移，扬长击短，趋利避害，实行灵活、机动、自主的作战，这也就是《孙子兵法》上讲的"致人而不致于人"。应对信息时代的战争，仍然必须坚持你打你的、我打我的、扬长击短的战略指导，在自己有利的时间、地点和条件下，以有利于自己的方式与敌作战，尽量避免在高技术领域同敌人打堂堂之阵，而要针对敌方作战体系的薄弱环节，瞄准敌人的软肋和死穴打，着眼于发挥我们的优势打。坚持战略上藐视敌人、战术上重视敌人，注重多种作战形式相配合，实行灵活多变的攻防结合与转换，实现打败敌人和有效保存自己的作战目的。发扬以劣势装备战胜优势装备之敌的优良传统，不能"叫花子与龙王比宝"，牢固树立敢打必胜的勇气和信心。主动布局、缜密谋划，积极寻求和创造战机，充分准备确有把握而后实施军事行动，坚决维护国家主权、安全、发展利益。

第三节　拓展和深化军事斗争准备

军事斗争准备是军队的基本实践活动，是维护和平、遏制危机、打赢战争的重要保证，是贯彻积极防御军事战略方针的基本途径。只有扎实做好各项军事斗争准备，才能始终保持军事斗争的主动权，才能以备战、能战、敢战来实现不战、止战和战而胜之的目的。适应形势任务的发展变化，必须坚持军事斗争准备龙头地位不动摇，扭住核心军事能力建设不放松，一切向能打仗、打胜仗的要求聚焦，努力把军事斗争准备提高到一个新水平。

第一，坚持以军事斗争准备为龙头带动军队现代化建设整体发展。军事斗争准备事关国家的领土完整和主权统一，事关国家战略利益的拓展。围绕维护国家核心利益所进行的军事斗争准备，既是为保证国家安全统一进行的反分裂斗争，也是为保障国家发展进行的反遏制斗争，还是为捍卫国家领土主权和海洋权益进行的反挑衅斗争。拓展和深化军事斗争准备，首先就要牢固树立战斗力这个唯一的根本的标准，提高军队的实战水平，始终保持召之即来、来之能战、战之能胜的战备状态。未来我军进行的军事斗争是信息化程度很高的诸军兵种一体化联合作战，做好军事斗争准备与建设信息化军队、打赢信息化战争的战略目标高度一致。要从我国的国情和军情出发，以军事斗争准备为龙头，抓住发展重点，统筹发展全局，通过局部跃升促进整体提高。要坚持以信息化为主导，以机械化为基础，推动机械化信息化复合发展

▲ **一体化联合训练**（解放军画报社提供　孙阳／摄）

和有机融合；重点发展能有效制敌的"杀手锏"武器装备，着力突破核心关键技术，优化武器装备体系结构；围绕实现全面建设现代后勤总体目标，科学实施后勤建设重大工程，加快建成现代后勤模式和制度；深入实施人才战略工程，提高官兵综合素质，为军队现代化建设提供有力的人才和智力支持。

　　第二，把提高基于信息系统的体系作战能力作为军事斗争准备的根本着力点。这是信息化条件下联合作战的必然要求，也是推进军事斗争准备必须着力解决的主要问题。基于信息系统的体系作战能力是信息化条件下战斗力的基本形态，其核心就是运用

信息系统把各种作战力量、作战单元、作战要素融合集成为整体作战能力，以适应信息化战争体系对抗的基本特征。要统筹加强军事信息系统、信息化主战武器装备系统和信息化支撑环境建设，推动信息化建设全面协调发展。军事信息系统是信息化条件下联合作战体系构建和运转的核心，要着眼未来战争突出抓好指挥控制系统建设、战略预警体系建设，提高信息融合能力，大力推进信息资源深度开发和利用。要加强主战武器平台建设及其配套建设，发展信息作战和支援保障力量，提高信息获取、传输、处理和共享水平，实现火力、机动力、防护力、保障力和信息力的整体提高。新型作战力量是提升军队整体作战能力、引领军事发展的重要力量，要加快战略预警、军事航天、防空反导、战略投送、远海防卫等新型作战力量建设。在一定意义上讲，发展新型作战力量关乎国家安全发展战略全局，影响和决定着军队未来。

◆ 知识链接

战略预警是指对敌战略袭击作出预先警报的活动，分为早期预警和即时预警。战略投送是指为达成一定的战略目的，综合运用各种运输力量向作战或危机地区投入兵力集团的活动，通常由统帅部组织。

第三，统筹推进各战略方向、各安全领域军事斗争准备。我国地缘战略环境复杂，各战略方向、各安全领域都存在不同威胁和挑战。必须统筹全局、突出重点，促进军事斗争准备全面协调发展。确定主要战略方向，是积极防御军事战略带有根本性、全局性、方向性的重大问题，是战略指导的核心内容。要着眼国家安全面临的主要安全威胁、有效维护国家核心安全利益来确定主要战略方向，紧紧抓住主要战略方向这个枢纽提高军事斗争准备的质量和水平。历史经验表明，主要战略方向与其他战略方向往往是相互影响、彼此联动的。如果对其他战略方向重视不够或者处置不当，一旦这些方向发生重大突发事件，在战略上就会比较被动。因此，要统筹兼顾其他战略方向的军事斗争准备，加强战略预置，妥善处置危机，提升日常战备水平，密切关注周边热点敏感地区军事动向，高度重视应对太空、网络空间的安全威胁和挑战，以保持战略全局的平衡和稳定。未来一个时期我国利益拓展、安全威胁和军事斗争焦点主要在海上，正处于从陆权国家向陆权海权兼具国家迈进的关键阶段，要强化海权意识，把海上军事斗争准备放在国家安全战略和军事战略的突出位置，加强海上军事斗争准备的整体筹划。

第四，提高军事训练实战化水平。军事训练是部队经常性

▼ 实战化军事训练　　　　　　　　　（解放军画报社提供　穆瑞林／摄）

的中心工作，是最直接、最有效的军事斗争准备，是生成提高部队战斗力的基本途径。军事训练实际上是未来战争的预演，来不得半点漂浮和虚假。训风不正是对官兵生命、对未来战争极大的不负责任。拓展和深化军事斗争准备，必须切实把实战化军事训练摆在战略位置，坚持从实战需要出发从难从严训练部队。坚持仗怎么打兵就怎么练，打仗需要什么就苦练什么，紧贴作战任务、作战对手搞好使命课题训练，加强检验性、对抗性训练，在近似实战的环境下摔打部队。积极创新信息化条件下训练模式，以指挥信息系统为支撑加强首长机关指挥训练和诸军兵种联合训练，把联合训练贯穿于战略战役战术各个层次，不断提高部队一体化联合作战能力。突出以复杂电磁环境为重点的复杂战场环境下训练，统筹考虑复杂电磁环境、复杂陌生环境、复杂气候条件等因素，把高技术武器装备放到这种环境中去训练和检验，在这种条件下开展带战术背景的综合演练，推动训练向纵深发展。

◆〉**知识链接**〉

　　联合训练是指两个以上军种、两支以上军队，以及军队和其他武装力量或地方，为掌握联合作战及其他联合军事行动的原则方法，在同一指挥机构组织下进行的训练。目的是提高指挥机构的联合指挥能力、部队的联合军事行动能力和单个人员在联合军事行动中协调配合的能力。

　　第五，科学组织非战争军事行动准备。非战争军事行动是武装力量为维护国家安全和发展利益而进行的不直接构成战争的军事行动，包括反恐维稳、抢险救灾、维护权益、安保警戒、国际维和、国际救援等行动。随着国家利益的拓展和非传统安全威胁的上升，非战争军事行动已经成为国家军事力量运用的重要方式和军队履行使命的重要任务，也是和平时期提高战斗力的一个重要途径，对于做好战争准备、提升军队作战能力具有重要而特殊的作用。非战争军事行动能力以打赢信息化条件下局部战争能力为基础，但也有着自身的特殊要求，需要进行专门的训练和其他相关准备。这就要求我们全面准确地理解和把握军队担负的军事任务，把非战争军事行动能力建设纳入军队现代化和军事斗争准备全局中筹划和实施。针对不同战略方向面临的多种安全威胁，明确承担非战争军事行动任务的要求，根据部队任务、驻防地区、技术特点有侧重地搞好建设和准备；充分利用军地资源搞好应急专业力量建设，明确民兵预备役部队的职能任务；健全指挥机构使军队处置突发事件应急指挥机制与国家应急管理机制协调运行，增强国防动员平时应急、战时应战的快速反应能力。

第四节　创新发展人民战争战略战术

坚持积极防御，从根本上讲，就是坚持人民战争的战略战术。毛泽东说，我们的战略战术是建立在人民战争这个基础上的，任何反人民的军队都不能利用我们战略战术。邓小平指出，我们的战略是毛泽东主席制定的，毛主席的战略思想就是人民战争；我们现在还是坚持人民战争。江泽民指出，无论武器装备如何发展，战争形态如何变化，人民战争都是我们克敌制胜的法宝。胡锦涛指出，人民战争是我们的最大优势，兵民是胜利之本永远是颠扑不破的真理。习近平强调，不论形势如何发展，人民战争这个法宝永远不能丢。贯彻新时期积极防御军事战略方针，要求我们把握新的时代条件下人民战争的新特点新要求，创新内容和方式方法，充分发挥人民战争的整体威力。

应对信息时代的战争，敌人最害怕的还是我们的人民战争。那种认为信息化条件下人民战争过时了、无用了的观点是错误的，人民战争适合中国的实际情况，仍然是我们的最大优势，是我们克敌制胜的法宝。这是因为：第一，我们所要进行的战争是正义的战争，最广大的人民群众站在我们一边。无论在任何情况下，我们都不打不义之仗。为捍卫国家主权、安全、发展利益而进行的反侵略、反颠覆、反分裂战争，符合人民的根本利益，必然得到人民的支持和拥护。而只有得到人民支持和拥护的战争，才能取得最后的胜利。第二，兵民仍然是现代战争的胜利之本，人还是战争的决定因素。信息化条件下局部战争，尽管战争形态和作战样式与过去不同，但同样要动员和依靠人民进行战争。同时，任何高新技术武器装备都是靠人来掌握的，只有通过人的勇敢、智慧和牺牲精神，才能发挥其最大作用。第三，我们有打人民战争的自然地理条件和雄厚的战争潜力。中国块头大，地域辽阔，人口众多，综合国力的快速增长积蓄了雄厚的物质力量，还拥有一支由人民解放军、人民武装警察部队和民兵组成的强大的武装力量，具有深厚的人民战争潜力和持久作战的社会经济与政治基础。

战争形态加速向信息化转变，安全威胁的综合性、复杂性凸显，使人民战争的时代条件发生了前所未有的深刻变化，面临着许多新情况、新问题、新挑战。创新发展人民战争的战略战术，必须着眼新的时代条件下人民战争的特点及其发展。一是整体性、综合性突出。信息化局部战争不同于以往举国迎敌、全民参战的人民战争形式，人民群众更多的是间接参战。但以体系对体系对抗为基本特征的信息化局部战争，一体化联合作战成为主要作战样式，战争越来越呈现出军民一体、前后方一体的趋势，平时与战时、进攻与防御的界限日益模糊。国家传统安全威胁和非传统安全威胁相互交织，非传统安全威胁上升。这就要求我们增强人民战争战略思想的整体性和综合性，运用各种直接与间接作战力量、武装与非武装力量、军事斗争与非军事斗争手段，综合应对多种安全威胁，发挥新的时代条件下人民战争的整体威力。二是信息化、精确化明显。信息化局部战争是信息主导、精确作战的战争，作战手段日益信息化、复合化，指挥控制日益网络化、智能化，打击行动日益远程化、精确化，运用精锐力量实施精确作战的特征更加突出。技术密集的精兵对抗在战争中占据突出地位，仅仅依靠人力密集的数量优势，难以在与敌技术密集的质量优势的对抗中取胜，武器装备的时代差也很难以兵力的数量来弥补。从粗放型动员和作战转变为精确化动员和作战，既是信息化条件下人民战争的表象特征，又是信息化条件下人民战争的基本要求。三是时空特性发生重大变化。信息化局部战争是空间融合、时间增值的战争，多维战场空间融为一体，战略、战役、战术行动界限趋于模糊。双方较量既包括陆、海、空、天等有形战场上的对抗，也包括电磁频谱、网络空间以及认知、心理等无形战场上的斗争。时间要素在升值，时间和速度直接影响战争成败。以往人民战争通过大规模组织人民群众利用广阔国土空间进行持久作战，不断消耗敌人逐步取得力量对比的优势，在信息化局部战争中难以体现出来。同时也要看到，信息化局部战争也为人民战争注入了前所未有的活力。信息技术的广泛运用为动员和组织人民群众提供了新的手段方式，信息技术的军民通用性为人民群众参战支前提供了广阔空间，信息化作战体系对整体和后方的高度依赖性为深入开展人民战争提供了有效途径。

开展信息化条件下人民战争，必须创新发展人民战争的战略战术，积极探索人民战争的新内容新方式。新的时代条件下坚持人民战争，既包括战争时期动员和依靠人民进行战争，同仇敌忾、众志成城，陷敌于人民战争的汪洋大海之中；也包括和平时期动员和依靠人民建设军队、建设国防，积蓄人民战争的强大力量，军民结合、平战一体地提升军事力量建设和运用的整体效能。运筹和平时期军事力量运用，要形成军民一体的强大合力。充分发挥人民群众在军事力量外向化运用中的作用，寓军于民、军民融合，为军事力量走出去提供有力支持。在海上军事斗争中，军事力量与各种执法力量、民间力量紧密配合、协调行动，形成维权维稳、止战胜战的整体威力。适应信息时代网络化的发展趋势，把军事力量与民用力量融合起来，共同维护网络空间安全和发展利益。高度重视舆论宣传领域的斗争，充分利用军地资源，牢牢掌握舆情主导权，凝聚民心士气。应对信息化局部战争，既要发展与现代化手段相结合的人民战争传统战法，又要创造出体现时代特色、适合人民群众参战的新战法；注重打牢人民战争的政治、思想、组织、力量基础，形成以夺取制信息权为核心的军民整体对抗优势，动员和组织广大人民群众积极开展情报战、袭扰战、伏击战，灵活牵制、消耗敌人，有力配合军队整体作战行动；建立广泛的国际国内统一战线，开展政治、外交、经济、文化等战线的斗争，积极配合和支援军事斗争，形成综合制敌的有利局面。

培育壮大人民战争的力量之基，是信息化条件下人民战争发挥整体优势的根本依托。信息化战争的一个显著特点，就是平战一体、长备短战。平时创造能够使人民战争之伟力随时发挥的社会条件，是对人民战争力量体系建设的根本要求。要依托国家的综合国力，把人民战争建立在雄厚的经济实力、强大的国防实力和坚强的民族凝聚力的基础上，全面增强国家应对危机和战争的战略能力。建立健全信息化条件下快速高效的国防动员体制机制，调整优化后备力量规模结构、力量布局，完善平时征用和战时动员法规制度，努力建设一支平时能应急、战时能应战的强大后备力量。贯彻军民结合、寓军于民的方针，把军民结合由主要集中在国防科技工业领域拓展到经济、科技、教育、人才等各个领域，由行业、部门间协调提升到国家战略层面，推动军民融合深度发展。

▌ 本章小结 ▌ ┈┈┈┈┈

积极防御战略思想是人民军队战胜强敌、发展壮大的法宝和科学指南。新时期积极防御军事战略方针，立足打赢信息化条件下的局部战争，着力提高军队应对多种安全威胁、完成多样化任务的能力，坚持和发展人民战争的战略思想。适应国家发展战略和安全战略新要求，与时俱进加强军事战略指导，增强战略指导的积极性、主动性、灵活性，立足应对最困难最复杂局面，实施信息化联合攻防作战，统筹推进各战略方向、各安全领域军事斗争准备。准确把握新的时代条件下人民战争的新特点新要求，充分发挥人民战争的整体威力。

✎ 思 考 题

1. 为什么要坚持实行积极防御的军事战略？

2. 如何理解军事战略指导与国家安全威胁变化二者之间的关系？

3. 如何理解创新发展人民战争战略战术的现实意义？

第 六 章

坚持武装力量的多样化运用

我国武装力量的多样化运用，是武装力量担负的以打赢信息化条件下局部战争为核心的各项任务的统称，包括维护领土、领海、领空安全，维护海洋、太空、网络电磁空间权益，维护国内社会稳定，参与国际维和、国际反恐、国际人道主义救援，参与抢险救灾等。坚持武装力量的多样化运用，是适应国际战略形势发展变化，应对国家安全面临的多种安全威胁，全面履行新世纪新阶段我军历史使命的战略需要。面对国家发展战略和安全战略的新要求，必须积极运筹和平时期军事力量运用，不断拓展和深化军事斗争准备，逐步提高完成多样化军事任务能力。

第一节　捍卫国家主权安全领土完整

我国武装力量坚持以国家核心安全需求为导向，着眼维护和平、遏制危机和打赢战争，保卫边防、海防、空防安全，加强战备工作和实战化演习演练，随时应对和坚决制止一切危害国家主权、安全、领土完整的挑衅行为。

✧ 一、保卫边防、海防、空防安全

边防、海防、空防，是国家依据国际法和国内有关法律法规，在边境、沿海地区、管辖海域和管辖空域采取的各种防卫与管理活动。边防、海防、空防是维护国家领土主权和海洋权益、保卫国家安全的战略前沿，是国家和民族生存、发展的基本安全保障。

我国武装力量是保卫边防、海防、空防安全的核心力量。我国有 2.2 万多公里陆地边界和 1.8 万多公里大陆海岸线，是世界上邻国最多、陆地边界最长的国家之一，有 500 平方米以上的岛屿 6500 多个，岛屿岸线 1.4 万多公里。武装力量维护边防、海防、空防安全的任务复杂繁重。我军边海防部队主要担负边境防卫和海防任务，空军是保卫国家空防安全的主体力量，陆军、海军和武警

▲ 边防战士巡逻在边防线上　　　　　　　（解放军画报社提供　冯凯旋／摄）

部队担负部分空防任务，武警边防部队主要担负边境、沿海地区和国家管辖海域的维权与治安管理任务，沿边沿海地区和海上民兵主要负责护边、控边和巡逻值勤、军警民联防等任务。

陆军边海防部队驻守在边境、沿海地区及海上岛屿，担负着守卫国（边）界、沿海海岸和岛屿，抵御防范外敌入侵、蚕食、挑衅，以及协助打击恐怖破坏、跨境犯罪等防卫与管理任务。边海防部队坚持以战备执勤为中心，强化边境沿海地区重要方向和敏感地段、水道、海域防卫警戒，严密防范各类入侵、蚕食和越境渗透破坏活动，及时制止违反边海防政策法规和改变国界线现状的行为，适时开展军地联合管控、应急处突等行动，有效维护边境沿海地区的安全稳定。

海军作为国家海防力量的主体，始终把维护国家主权、安全和海洋权益，履行应尽的国际义务，作为海防工作的基本内容。及时更新海防观念，积极采取各种措施加强海防管控力度，建立完善体系化巡逻机制，采取卫星、雷达等技术器材观察与舰艇、航空兵部队机动巡逻相结合，港口、机场值班兵力与海上、空中巡逻兵力相结合，岸港、锚地静态待机与海上动态巡逻相结合，平时常态化巡逻、节日例行性巡逻与任务区临时巡逻相结合，对管辖海域全面观察与重点海域严密掌控相结合的方式，有效掌握周边海域情况，严密防范各类窜扰和渗透破坏活动，及时处置各种海空情况和突发事件。推进海上安全合作，维护海洋和平与稳定、海上航行自由与安全。

空军日常防空基本活动，主要是组织侦察预警力量，监视国家领空及周边地区空中动态，随时掌握各种空中安全威胁；组织各级指挥机构，保持以首都为核心、以边境沿海一线为重点的常态化战备值班，随时指挥各种空防力量行动；组织日常防空战斗值班兵

力，进行海上空域警巡、
边境反侦察和境内查证处
置异常不明空情；组织航
空管制系统，监控飞行活
动，维护空中秩序，保障
飞行安全。我国已建成集
侦察预警、抗击、反击和
防护于一体的空防力量体
系，具有以各种对空探测
雷达和预警机为主体，以
技术侦察、电子对抗侦察

▲ **空中巡逻**（解放军画报社提供　刘应华／摄）

为补充的空情获取手段；以歼击机、歼击轰炸机、地空导弹、高
炮部队为主体，以陆军防空兵、民兵预备役防空力量和人民防空
力量为补充的抗击手段。

　　2013 年 11 月 23 日，为捍卫国家主权和领土领空安全，维护
空中飞行秩序，我国国防部发布公告，划设我国东海防空识别区。
划设防空识别区，有利于我国武装力量尽快澄清空中目标性质，有
效地将敌机在进入领空之前予以识别，对于加强空防监控、保卫国
家领空安全具有重大意义。

◆◆ 〉**知识链接** 〉

　　　防空识别区，是濒海国家为防范可能面临的空中威
胁，在领空外划设的空域范围，用于及时识别、监视、
管制和处置进入该空域的航空器，留出预警时间，保卫

空防安全。我国政府 2013 年 11 月 23 日发布：中华人民共和国政府根据 1997 年 3 月 14 日《中华人民共和国国防法》、1995 年 10 月 30 日《中华人民共和国民用航空法》和 2001 年 7 月 27 日《中华人民共和国飞行基本规则》，宣布划设东海防空识别区。具体范围为以下六点连线与我领海线之间空域范围：北纬 33 度 11 分、东经 121 度 47 分，北纬 33 度 11 分、东经 125 度 00 分，北纬 31 度 00 分、东经 128 度 20 分，北纬 25 度 38 分、东经 125 度 00 分，北纬 24 度 45 分、东经 123 度 00 分，北纬 26 度 44 分、东经 120 度 58 分。

公安边防部队是国家部署在边境沿海地区和开放口岸的武装执法力量，担负保卫国家主权、维护边境沿海地区和海上安全稳定、口岸出入境秩序等重要职责，遂行边境维稳、打击犯罪、应急救援、边防安保等多样化任务。公安边防部队在边境一线划定边防管理区，在沿海地区划定海防工作区，在毗邻香港、澳门陆地边境和沿海一线地区 20 米至 50 米纵深划定边防警戒区，在国家开放口岸设立边防检查站，在沿海地区部署海警部队。公安边防部队对边境地区和口岸实行常态化严查严管严控，防范打击"三股势力"、敌对分子的分裂破坏和暴力恐怖活动。集中整治海上越界捕捞活动，强化海上治安巡逻执法，严厉打击海上违法犯罪活动。民兵积极参加战备执勤、边海防地区军警民联防、哨所执勤和护边控边等行动，常年在边海防线上巡逻执勤。

◆◆ **知识链接**

> 截至 2012 年，中国已与周边 7 个国家签订边防合作协议，与 12 个国家建立边防会谈会晤机制。人民解放军边防部队与俄罗斯、哈萨克斯坦、蒙古、越南等国边防部门开展联合巡逻执勤、联合管控演练等友好合作活动。与哈萨克斯坦、吉尔吉斯斯坦、俄罗斯、塔吉克斯坦等国每年组织相互视察活动，监督和核查边境地区信任措施落实情况。

◇　**二、保持常备不懈的战备状态**

战备工作是军队为执行作战和非战争军事行动任务而进行的准备和戒备活动，是军队全局性、综合性、经常性的工作。提高战备水平，保持常备不懈的战备状态，是有效应对多种安全威胁、完成多样化军事任务的重要保证。我国武装力量坚持把一切建设和工作向能打仗打胜仗聚焦，按照打仗的要求搞建设、抓准备，不断提高日常战备水平，确保部队召之即来、来之能战、战之必胜。

我军建立正规的战备秩序，加强战备基础性建设，搞好针对性战备演练，周密组织战备值班和边海空防巡逻执勤，随时准备执行作战和非战争军事行动任务。部队根据执行任务需要进入等级战备，战备等级按照戒备程度由低级到高级分为三级战备、二级战备、一级战备。

日常战备工作是武装力量的重要运用方式，是核心军事能力的重要体现。陆军部队的日常战备，以维护边境正常秩序和巩固国家建设成果为重点，依托作战指挥机构和指挥信息系统，加强战备值班，构建战区联合值班模式，以常态化运行的体制机制保证战备工作落实。海军部队的日常战备，以维护国家领土主权和海洋权益为重点，坚持高效用兵、体系巡逻、全域监控，组织和实施常态化战备巡逻，在相关海域保持军事存在。各舰队常年保持必要数量舰艇在辖区内巡逻，加强航空兵侦察巡逻，并根据需要组织机动兵力在相关海域巡逻警戒。空军部队的日常战备，以国土防空为重点，坚持平战一体、全域反应、全疆到达，保持灵敏高效的战备状态。组织常态化空中警戒巡逻，及时查证异常不明空情。第二炮兵平时保持适度戒备状态，坚持平战结合、常备不懈、随时能战，加强战备配套建设，构建要素集成、功能完备、灵敏高效的作战值班体系，确保部队应急反应迅速，有效应对战争威胁和突发事件。在国家受到核威胁时，核导弹部队根据中央军委命令，提升戒备状态，做好核反击准备，慑止敌人对我国使用核武器；在国家遭受核袭击时，使用导弹核武器，独立或联合其他军种核力量，对敌实施坚决反击。常规导弹部队能够快速完成平战转换，遂行常规中远程精确打击任务。

✧ 三、开展实战化演习演练

军事训练是未来战争的预演。要从实战需要出发从难从严训练部队，着力提高军事训练实战化水平，使部队练就过硬的打赢本领。能打仗、打胜仗是部队一切工作的根本出发点和落脚点，实战化演习演练是达成这一目的最有效途径。实践一再证明，实战化训练的力度，决定着部队战斗力提高的程度；实战化训练的水平，决定着部队战场上战斗力发挥的水平。

我军坚持把开展实战化演习演练作为推进军事训练转变、提高部队实战能力的重要抓手，按实战要求、战时编组和作战流程组织演练，突出指挥对抗训练、实兵自主对抗训练和复杂战场环境下训练。目前，我军实战化演习演练主要包括跨区训练、对抗训练和远海训练等形式。

开展跨区训练。跨区训练主要是依托合同战术训练基地，组织任务相近、类型相同和未来作战环境相似的师旅部队，以实兵检验性演习的方式开展一系列跨区机动演习演练。通过采取跨区域或互换场地的方法，尽可能把部队拉到野外生疏地形，置于恶劣复杂环

◆◆ **知识链接**

2010 年开始，全军连续组织"使命行动"系列战役层次跨区机动演习演练。其中，2010 年组织北京、兰州、成都军区各 1 个集团军首长机关带 1 个师（旅）以及空军部分兵力参演，2011 年组织成都、济南军区带有关部队赴高原地区演练，2012 年组织成都、济南、兰州军区和空军有关部队赴西南地区演练，2013 年组织南京、广州军区和空军有关部队分别进行了"使命行动-2013"系列跨区机动演习。参演部队官兵转战千里，在联合作战和复杂电磁环境背景下，全面锤炼了部队走、打、吃、住、藏、联、供、救、管、修等能力，对部队指挥控制、远程机动、火力打击、整体防护和综合保障能力等进行了全面检验和评估。

境下进行训练，加大训练难度，以提高部队快速反应能力、远程机动能力和在陌生环境、复杂条件下联合作战能力。

突出对抗训练。各军兵种强化对抗性检验性演习演练，组织实兵对抗、网上对抗和计算机模拟对抗等演习，增强训练的针对性、实效性。空军依托训练基地构设复杂战场环境，组织军区空军之间、军区空军与合成"蓝军"部队之间，开展信息化条件下"红蓝"体系对抗演习。第二炮兵开展复杂战场环境下侦察与反侦察、干扰与防干扰、精确打击与防护反击的对抗性训练，加强核生化武器威胁条件下安全防护和操作技能训练，每年安排多种型号导弹部队执行实弹发射任务。2012 年 11 月，组织了"2012·南京对抗"全军指挥对抗演练，这是我军首次依托军事院校组织作战部队师首长机关开展的远程异地指挥对抗演练。2013 年 5 月，组织了"超越·2013A"全军指挥对抗演练，标志着我军依托军事院校组织的师旅级指挥机构对抗训练已进入常态化。

◆◆〉**知识链接**〉·

对抗训练，是指训练双方互为假设敌方或竞赛对手，采取对抗方式进行的训练。通常以竞赛或演习的形式实施。如模拟对抗射击、专业对抗赛、对抗演习等，使受训者在对抗的条件下，灵活果断、随机应变地处置各种情况，充分发挥主观能动性。蓝军，就是部队训练与总部战略对抗推演中的假想敌。20 世纪 80 年代以后，我军借鉴外军作战训练的基本经验和方法，在集团军级作战部队培养蓝军司令，组建蓝军部队，为部队训练制造"敌人"。

　　拓展远海训练。海军积极探索远海作战任务编组训练模式，组织由新型驱护舰、远洋综合补给舰和舰载直升机混合编成的远海作战编队编组训练，深化复杂战场环境下使命课题研练，突出远程预警及综合控制、远海拦截、远程奔袭、大洋反潜、远洋护航等重点内容训练。2007—2012 年，在西太平洋共组织远海训练近 20 批90 多艘次。2012 年 4 月至 9 月，"郑和"号训练舰进行环球航行训练，先后访问及停靠 14 个国家和地区。2013 年 4 月、8 月至 9 月，南海舰队、东海舰队分别组织进行了远海训练任务，总航程 7000余海里，先后完成了远海攻防、海上维权、综合补给、主炮对海射击、舰机联合反潜、临检拿捕、舰机协同护航、反恐和反海盗等实战课题的演练，有效地锤炼了官兵执行多样化军事任务的能力。2013 年 10 月至 11 月，海军首次组织三大舰队在西太平洋海域举行了"机动 -5 号"实兵演习，这是人民海军首次真正意义上的远

▼ **海军舰艇编队开展远海训练**　　　　　　　　（解放军画报社提供　岱天荣／摄）

海对抗训练。2014 年 2 月，海军舰艇编队首次在南太平洋公海海域举行远海训练。

第二节　保障国家经济社会发展

保卫人民的和平劳动，参加国家建设事业，全心全意为人民服务，是宪法和法律赋予我国武装力量的重要任务。我国武装力量服从服务于国家改革发展稳定大局，积极参加国家建设和抢险救灾，依法维护社会和谐稳定，努力保障国家发展利益。

✧ 一、参加国家建设

参加和支援国家建设，是我军践行宗旨、服务人民的重要体现。人民军队必须发扬优良传统，热爱人民、保护人民，积极参加经济社会建设。军队和武警部队在完成教育训练、战备执勤、科研试验等任务的前提下，围绕国家和地方经济社会发展规划部署，坚持把地方所需、群众所盼和部队所能结合起来，充分利用人才、装备、技术、基础设施等方面的资源和优势，积极支援地方基础设施重点工程、生态环境建设和社会主义新农村建设，扎实做好扶贫帮困、助学兴教、医疗扶持等工作，为促进地方经济社会发展和民生改善作出重要贡献。

援建基础设施重点工程。发挥水电、交通、工程、测绘等专业部队的优势，支援国家和各地交通、水利、能源、通信等关系国计民生的基础设施建设。2013 年，全军共援建交通、水利、能源、通信等重点工程项目 278 项。

参加生态建设和环境保护。各部队组织官兵采取集中会战、承包荒山、义务植树等办法，支持驻地环境治理和生态修复，成建制组织部队和民兵预备役人员参加荒山绿化、防沙治沙、湿地生态保护等工作，支援京津风沙源治理、环塔克拉玛干沙漠绿化、长江黄河中上游生态保护、西藏"一江两河"治理等国家重点生态区和生态工程建设。仅 2013 年，就出动飞机 1274 架次执行飞播造林、飞防护林等任务，全军部队支援地方成片造林 120 多万亩。测绘、气象、给水等技术部队还为地方提供大地勘测、气象水文预报、水源探测等服务。

扶贫帮困和支援新农村建设。2013 年，全军各部队先后与 63 个贫困县、547 个贫困乡镇建立帮扶关系，共建立扶贫联系点 2.6 万多个，支援农田水利、乡村道路、小流域治理等小型工程建设 2 万多个，扶持发展优势特色产业 1000 多项，帮助 30 多万贫困群众脱贫致富。2008—2012 年，北京军区给水工程团先后在云南、广西、山东、河北、内蒙古、贵州等地支援地方找水打井，共打井 476 眼，解决了 100 万人生活用水及 10 万多亩农田灌溉用水问题。2008—2010 年，兰州军区给水工程团实施"百井支农富民"工程，在宁夏中南部干旱带找水打井 192 眼，缓解了 39 万人、57 万头牲畜饮水和 3.7 万亩农田灌溉用水问题。

支持科技教育文化卫生事业。2012 年，军队院校、科研单位和专业技术部队共承担国家重大专项、科技支撑计划等课题研究和参与科技攻关 220 多项，转让科技成果 130 项。2009—2012 年，在新疆、西藏等西部少数民族地区集中援建"八一爱民学校"57 所，解决了 3 万多名学生入学问题。2013 年，全军启动第三轮医疗对口支援工作，108 所医院对口帮带西部贫困地区 134 所县级医院，军队医护人员全年为偏远贫困地区群众巡诊治病 43 万人次，通过"心蕾工程"等专项爱心救治行动成功救治贫困患儿 3400 多名。各部队广泛开展援建"1+1"结对助学和参加"春蕾计划"等多种形式的助学兴教活动，帮助 1000 多所中小学校改善教学条件，资助贫困学生 5.3 万多名。

支援国家和地方举办的重大活动。随着我国综合国力和国际地位的提升，一些重大国际活动在我国举办日益增多。近年来，军队和武警部队把支援国家和地方举办的重大活动，作为新形势下群众工作的一项重要任务，根据地方支援需求，按照上级指示部署，精心筹划，严密组织，圆满完成了支援北京奥运会、上海世博会、广州亚运会和参加首都国庆 60 周年庆典等任务。特别是北京奥运会、广州亚运会的开幕式和闭幕式上，军队担负的表演任务都是重头戏、亮点戏，为奥运会、亚运会成功举办作出了重要贡献，充分展示了人民军队的形象和风采。

◇ 二、参加抢险救灾

我国是世界上自然灾害最多的国家之一，灾害种类多、发生频率高、造成损失大。依据 2005 年颁布的《军队参加抢险救灾条例》，军队和武警部队主要担负解救、转移或者疏散受困人员，保护重要目标安全，抢救、运送重要物资，参加道路（桥梁、隧道）抢修、海上搜救、核生化救援、疫情控制、医疗救护等专业抢险，排除或者控制其他危重险情、灾情，协助地方人民政府开展灾后重建工作等任务。

军队和武警部队与各级人民政府建立完善应对自然灾害军地协

调联动机制，建成战略级移动应急指挥平台，在重点地区预储预置抢险救灾急需物资器材，编制修订团以上部队抢险救灾应急预案，组织军地抢险救灾联训联演，全面提高抢险救灾能力。目前，已组建抗洪抢险应急部队、地震灾害紧急救援队、核生化应急救援队、空中紧急运输服务队、交通电力应急抢险队、海上应急搜救队、应急机动通信保障队、医疗防疫救援队、气象保障应急专业队等9类国家级应急专业力量。各军区会同有关省（自治区、直辖市），依托现役和预备役部队组建省级应急专业力量。

我国武装力量在历次重大抢险救灾中，都发挥了主力军和突击队作用。2008年年初，动用126万名官兵和民兵预备役人员抗击南方严重低温雨雪冰冻灾害。5月，出动兵力14.6万人、组织民兵预备役人员7.5万人参加四川汶川特大地震抗震救灾，救出被压埋生还者3338人，解救被困群众140万余人，安置受灾群众102万余人，巡诊救治伤病员136万余人次，运送救灾物资156万余吨，挖通抢修损毁道路1.7万余公里。2009年，我国一些省区发生严重旱情，特别是西南地区遭遇历史罕见特大旱灾，军队和武警部队动用车辆机械13.4万台次，飞机14架、飞行70架次，帮助运水送水35万吨，铺设水管1416公里，浇灌农田和春耕保苗52.5万亩。2010年4月14日，青海省玉树藏族自治州玉树县发生7.1级强烈地震，军队和武警部队共出动兵力1.6万余人，19支医疗队、3支防疫队、2个方舱医院、10架运输机、3架直升机，全力投入抗震救灾斗争。2013年，为应对四川芦山和甘肃岷县漳县地震灾害、东北地区洪水灾害、东南沿海地区的强台风，全军和武警部队共出动官兵12.4万人、民兵预备役人员29.8万人，车辆机械5.1万多台、飞机128架次，转移群众151万余人，

▲ 民兵参加抢险救灾 　　　　　　　　　　　　　　　（国防部外事办公室提供）

救治伤员 3.3 万多人次，运送物资 5.1 万余吨，抢修道路和加固堤坝 4800 多公里。

◆ 三、维护社会稳定

　　社会大局稳定是改革发展的前提和保障，关系国家政治安全、政权安全，关系人民群众的根本利益。我国武装力量依法参加维护社会秩序行动，防范和打击暴力恐怖活动。

　　武警部队是国家处置公共突发事件、维护社会稳定的骨干和突击力量。2009 年 8 月颁布实施的《中华人民共和国人民武装警察法》，明确了武警部队执行安全保卫任务的范围、措施和保障办法。武警部队构建以机动兵力为主体、以执勤部队抽组兵力为补充、以警种部队和院校兵力为支援的处突维稳力量体系，完善以国家级反恐队、省级特勤中队、市级特勤排、县级应急班为主体的四级反恐力量体系。扎实做好重大活动安保工作，严格执行现场警卫、人员安检、重要目标守卫、要道设卡和城市武装巡逻等任务。2011—2012 年，有效应对和处置各类突发事件，配合公安机关成功处置多起暴力恐怖袭击事件，参与处置劫持人质等严重暴力事件 68 起，解救人质 62 人，先后完成第 26 届世界大学生夏季运动会、中国—亚欧博览会、上海合作组织北京峰会等重大活动安保任务，累计用兵 160 多万人次。

我军派出相关力量协助公安、武警部队完成重大活动安保任务。陆军主要承担防范恐怖活动、核化生爆检测、医疗救援、运输保障等任务，海军主要承担排除水域安全隐患、防范来自海上恐怖袭击等任务，空军主要承担保卫重大活动举办地和周边地区空中安全等任务。2008—2012 年，我军先后参加北京奥运会、国庆 60 周年庆典、上海世博会、广州亚运会等重大活动的安保行动，共出动兵力 14.5 万人，动用飞机和直升机 365 架、舰船 148 艘、雷达 554 部。

▲ 武警部队进行反恐演练 　（国防部外事办公室提供）

　　民兵是维护社会稳定的一支重要力量，按照法律规定协助维护社会秩序，在地方党委、政府的统一部署和军事机关的指挥下，参加治安联防、社会管理综合治理、重大活动安保等行动。每年有 9 万多人执行守护桥梁、隧道和铁路线等任务。

　　驻香港、澳门部队是中央人民政府派驻香港、澳门特别行政区的部队，依法履行防务职责。《中华人民共和国香港特别行政区驻军法》和《中华人民共和国澳门特别行政区驻军法》规定，特区政府在必要时可以向中央人民政府请求驻军协助维持社会治安和救助灾害。驻香港、澳门部队适时组织联合海空巡逻和年度演习演练活动，参与特区政府组织的海上空难搜救联合演习，圆满完成北京奥运会香港赛区及香港、澳门回归庆典活动等安保任务。

✧　四、维护海洋权益

　　我国是陆海兼备的大国，海洋是我国实现可持续发展的重要空间和资源保障，海洋权益是国家权益的重要组成部分。党的十八大报告指出，要坚决维护国家海洋权益，建设海洋强国。开发、利用和保护海洋，建设海洋强国，是国家重要发展战略。高度关注海洋安全，坚决维护国家海洋权益，是我军的重要职责。

　　海军结合日常战备为国家海上执法、渔业生产和油气开发等活动提供安全保障，与地方相关部门建立协调配合机制，建立完善军警民联防机制。协同地方有关部门开展海洋测绘与科学调查，建设海洋气象监测、卫星导航、无线电导航及助航标志系统，及时发布气象和船舶航行等相关信息，建立和完善管辖海域内的航行安全保障体系。着眼有效维护我国领土主权和海洋权益，检验提高军地海上联合维权斗争指挥协同和应急处置能力，完善方案预案，积累维权斗争经验。

✧ 五、维护海外利益

维护海外利益是我国对外战略面临的重要课题。开展海上护航、撤离海外公民、应急救援等海外行动，已成为军队维护国家利益和履行国际义务的重要方式。

我国在维护海外利益的过程中，始终坚持在平等互利的基础上同世界各国开展交流与合作，实现互利共赢、共同发展。根据联合国安理会有关决议并经索马里过渡联邦政府同意，我国政府于 2008 年 12 月 26 日派遣海军舰艇编队赴亚丁湾、索马里海域实施护航。主要任务是保护中国航经该海域的船舶、人员安全，保护世界粮食计划署等国际组织运送人道主义物资船舶的安全，并尽可能为航经该海域的外国船舶提供安全掩护。截至 2013 年 12 月，我国海军共派出 16 批次 42 艘军舰、1.3 万余名官兵参与护航，完成5467 艘中外舰船护航任务。

2011 年 2 月，利比亚局势急剧动荡，在利比亚的中资机构、企业和人员面临重大安全威胁。我国政府组织了新中国成立以来最大规模的撤离海外公民行动，共撤出 35860 人。我军派出舰艇、飞机协助在利比亚人员回国。海军执行亚丁湾、索马里海域护航任务的"徐州"号导弹护卫舰赴利比亚附近海域，为撤离我国受困人员的船舶提供支持和保护。空军紧急出动飞机 4 架，共飞行 40 架次，协助 1655 名受困人员（含 240 名尼泊尔人）从利比亚转移至苏丹，接运 287 人从苏丹回国。

第三节　维护世界和平与地区稳定

我国既通过争取和平的国际环境来发展自己，又以自身的发展来促进世界和平。我国的发展已经成为世界经济发展的重要支撑和拉动力量，我国的安全和发展与世界的和平繁荣息息相关。我国武装力量始终是维护世界和平与地区稳定的坚定力量，致力于同各国加强军事合作、增进军事互信，参与地区和国际安全事务，在国际政治和安全领域发挥积极作用。

◇　一、参加联合国维和行动

我国认真履行国际责任和义务，支持并积极参加联合国维和行动。根据联合国决议和我国政府与联合国达成的协议，我国派出维和部队和维和军事专业人员，进驻指定国家或地区，在联合国主导下组织实施维和行动，主要承担监督停火、隔离冲突和工程、运输、医疗保障以及参与社会重建和人道主义援助等任务。

1990年，人民解放军向联合国中东维和任务区派遣5名军事观察员，首次参加联合国维和行动。1992年，向联合国柬埔寨维和任务区派出400人的工程兵大队，首次派遣成建制部队。截至2013年4月，我军共参加23项联合国维和行动，累计派出维和军事人员2.2万人次。我国参加维和行动的所有官兵均被授予联合国和平勋章，有3名军官和6名士兵在执行维和任务中牺牲，被授予联合国哈马舍尔德勋章。目前，我国是联合国安理会5个常任理事国中派遣维和军事人员最多的国家，是联合国115个维和出兵国中派出工兵、运输和医疗等保障分队最多的国家，是缴纳维和摊款最多的发展中国家。

我国维和部队发扬特别能吃苦、特别能战斗、特别能奉献的优良作风，高标准完成各项任务。1990—2012年，共新建、修复道路1万多公里、桥梁284座，排除地雷和各类未爆物9000多枚，运送物资100万吨，运输总里程1100多万公里，接诊病人12万人次。参谋军官和军事观察员在司令部工作及巡逻、监督停火、联络、谈判等各项任务中表现出高度负责的职业精神。我国维和部队还为当地民众铺路架桥、维修车辆、运送物资、送医送药和传授农业种植技术。

◆〉 **知识链接** 〉

　　中国维和官兵恪守联合国维和人员行为准则、交战规则和驻在国法律法规，尊重当地宗教信仰和风俗习惯，严格遵守任务区规定和中国维和部队规章制度，赢得了当地人民的信任。根据2013年9月禁止化学武器组织和联合国安理会分别通过的销毁叙利亚化学武器决定和第2118号决议，叙利亚化学武器将由叙国内转运至美国化学武器销毁船进行销毁。2014年1月，中国开始与俄罗斯、丹麦、挪威等一起派出军舰为叙利亚化学武器海运提供海上护航。

✧ 二、国际灾难救援和人道主义援助

　　我国武装力量积极参加政府组织的国际灾难救援和人道主义援助，向有关受灾国提供救援物资与医疗救助，派出专业救援队赴受灾国救援减灾，为有关国家提供扫雷援助，开展救援减灾国际交流。

　　2002—2012 年，我军共执行国际紧急人道主义援助任务 36次，向 27 个受灾国运送总价值超过 12.5 亿元人民币的救援物资。2001—2012 年，由北京军区工兵团官兵、武警总医院医护人员和中国地震局专家组成的中国国际救援队，共 8 次参加国际灾难救援行动。2011 年 3 月，日本发生强震并引发海啸，中国国际救

▼ 对非洲开展医疗援助　　　　　　　　　　　　　（国防部外事办公室提供）

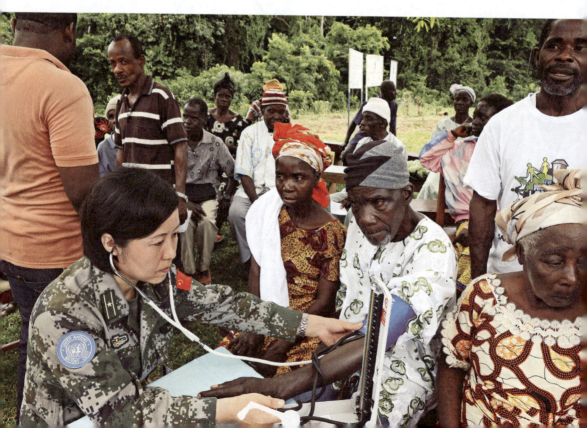

援队紧急赴日参与搜救工作。2011 年 7 月，泰国发生严重洪涝灾害，我国空军出动 4 架飞机将中国国防部援助泰国武装部队的 90 多吨抗洪救灾物资运抵曼谷。2011 年 9 月，巴基斯坦发生特大洪灾，我国空军出动 5 架飞机将 7000 顶救灾帐篷空运至卡拉奇，兰州军区派出医疗防疫救援队赴重灾区昆瑞开展医疗救援、卫生防疫工作。

我国武装力量积极开展对发展中国家的医疗服务和援助，参与国际医疗交流与合作，增进了与各国的友谊和互信。2010—2011 年，海军"和平方舟"号医院船先后赴亚非 5 国和拉美 4 国，执行"和谐使命"人道主义医疗服务任务，历时 193 天，航程 4.2 万海里，为近 5 万人提供医疗服务。我军医疗队还结合参加人道主义医疗联合演练，积极为加蓬、秘鲁、印度尼西亚等国家的民众提供医疗服务。

我国政府高度重视地雷引发的人道主义问题，积极支持和参与国际扫雷援助活动。1999—2012 年，我军通过举办扫雷技术培训班、专家现场指导、援助扫雷装备等方式，配合国家相关部门向近 40 个亚洲、非洲、拉丁美洲国家提供扫雷援助，为外国培训扫雷技术人员 400 多名，指导扫除雷场 20 多万平方米，捐赠价值约 6000 万元人民币的扫雷装备器材。

2014 年 3 月 8 日，载有 154 名我国乘客的马米西亚航空公司航班 MH370 失联，我军会同国家有关部门派出强大搜救力量展开搜索。从 3 月 8 日至 26 日，海军 5 艘舰艇搜索航程 7518 海里，搜索面积 9.3 万平方公里；空军 3 架运输机累计飞行 8.2 万公里，搜索面积 10.2 万平方公里；调动 10 余颗军用卫星搜索，累计覆盖面积达数千万平方公里。

✧ 三、维护国际海上通道安全

维护国际海上战略通道安全，是世界各国国家海上利益的重要组成部分，是事关国家安全与发展的重大战略问题。加强海上安全合作，营造有利安全环境，成为主要大国的战略选择和责任义务。

我国海军护航编队在联合护航、信息共享、协调联络等方面与多国海军建立了良好的沟通机制。与俄罗斯开展联合护航行动，与韩国、巴基斯坦、美国海军舰艇开展反海盗等联合演习演练，与欧盟协调为世界粮食计划署船舶进行护航。与欧盟、北约、多国海上力量、韩国、日本、新加坡等护航舰艇举行指挥官登舰互访活动，与荷兰开展互派军官驻舰考察活动。积极参与索马里海盗问题联络小组会议以及"信息共享与防止冲突"护航国际会议等国际机制。

亚丁湾护航，为我国海军提高履行多样化任务的能力和承担国际义务提供了锻炼平台和丰富经验。我国作为联合国安理会五个常任理事国之一，维护包括国际海上通道安全在内的世界海洋安全与稳定是我国海军义不容辞的责任。随着我国国际地位的不断提高，我国海军将更多地承担起维护世界海洋安全的责任和义务，更频繁地走向远海和远洋，与世界各国海军加强交流与合作，共同应对所面临的各种海洋问题和挑战。

✧ 四、中外军队联演联训

我军坚持不结盟、不对抗、不针对第三方的方针和战略互惠、平等参与、对等实施的原则，与外国军队开展多层次、多领域、多军兵种的双边多边联演联训。2002—2013 年，我军依据协议或约定与有关国家举行联演联训共计 70 余次，其中仅 2013 年就有 17 次之多，为历年之最。这些中外联演联训对促进政治军事互信、维护地区安全稳定和加强军队现代化建设发挥了积极作用。

上海合作组织框架内联合反恐军事演习机制化发展。截至 2013 年 12 月，我国与上合组织成员国已共同举行 10 次双边多边联合军事演习。从 2005 年开始，举行具有战略影响、战役层次的较大规模"和平使命"系列联合军事演习，包括"和平使命-2005"中俄联合军事演习、"和平使命-2007"上合组织武装力量联合反恐军事演习、"和平使命-2009"中俄联合反恐军事演习、"和平使命-2010"上合组织武装力量联合反恐军事演习、"和平使命-2012"上合组织武装力量联合反恐军事演习、"和平使命-2013"中俄联合反恐军事演习。演习震慑和打击了恐怖主义、分裂主义和极端主义势力，提高了上合组织成员国共同应对新挑战、新威胁的能力。

海上联演联训不断拓展。2007—2011 年，我国海军连续参加在阿拉伯海由巴基斯坦举办的"和平-07""和平-09""和平-11"多国海上联合演习。2012 年 4 月，中俄两国海军以海上联合保卫交通线作战为课题，在我国黄海海域举行"海上联合-2012"军事演习。2010—2012 年，中泰两国海军陆战队相继举行"蓝色突击-2010""蓝色突击-2012"联合训练。2014 年 4 月，我国与文莱、印度尼西亚、马来西亚、新加坡、孟加拉、印度、巴基斯坦等国在青岛举行"海上合作-2014"联合演习，进行了编队运动、海上救援、联合反劫持、轻武器射击等科目演练。2014 年 5 月，中俄在我国东海举行"海上联合-2014"军事演习。2014 年 6 月

9 日，由海军导弹驱逐舰海口舰、导弹护卫舰岳阳舰、综合补给舰千岛湖舰、和平方舟医院船组成的编队，首次赴美参加"环太平洋-2014"多国海上联合军事演习。我国海军结合舰艇互访等活动，与印度、法国、英国、澳大利亚、泰国、美国、俄罗斯、日本、新西兰、越南等国海军举行通信、编队运动、海上补给、直升机互降、对海射击、联合护航、登临检查、联合搜救、潜水等科目的双边或多边海上演练。

陆军联合训练逐步深化。2007—2013 年，我国陆军与外国陆军多次举行联合训练。与印度陆军举行"携手-2007""携手-2008"反恐联合训练，与蒙古国陆军举行"维和使命-2009"维和联合训练，与新加坡举行"合作-2009""合作-2010"安保联合训练，与罗马尼亚陆军举行"友谊行动-2009""友谊行动-2010"山地部队联合训练，与土耳其举行陆军突击分队联合训练。我国陆军特种部队与泰国陆军特种部队举行"突击-2007""突击-2008""突击-2010"反恐联合训练，与印度尼西亚特种部队举行"利刃-2011""利刃-2012"反恐联合训练，与巴基斯坦特种部队举行"友谊-2010""友谊-2011"反恐联合训练，与哥伦比亚特种作战部队举行"合作-2012"反恐联合训练。2012 年 11 月，与约旦特种部队举行反恐联合训练，与美国陆军举行人道主义救援减灾联合室内推演。2013 年 11 月，与印度陆军举行"携手-2013"中印陆军联合反恐训练。

空军联合训练取得进展。2011 年 3 月，我国空军联训分队与巴基斯坦空军举行"雄鹰-I"联合空战训练。10 月，我国与委内瑞拉空降兵举行"合作-2011"城市反恐联合训练。2011 年 7 月、2012 年 11 月，我国与白俄罗斯空降兵分别举行"神鹰-2011""神鹰－2012"联合训练。2013 年 8 月，我国与巴基斯坦举行了"雄鹰－II"训练。

卫勤联合训练稳步开展。2009—2011 年，我军医疗队先后赴加蓬和秘鲁举行"和平天使"人道主义医疗救援联合行动，赴印度尼西亚参加东盟地区论坛救灾演练。2012 年 10 月，我军卫勤分队与澳大利亚、新西兰军队举行"合作精神－2012"人道主义救援减灾联合演练。2014 年 4 月，我军与巴基斯坦军队举行"和平天使－2014"中巴联合卫勤作业。

▌ 本章小结 ▌ ················

新世纪新阶段，我国武装力量有效履行新的历史使命，不断提高以打赢信息化条件下局部战争能力为核心的完成多样化军事任务的能力，坚决捍卫国家主权、安全、领土完整，有力保障国家经济社会发展和人民安居乐业，出色完成一系列急难险重任务和重大战备演训活动。我国武装力量积极参与国际安全合作，认真履行国际责任和义务，参加联合国维和行动、国际灾难救援，维护国际海上通道安全，与各国武装力量一道努力营造和平稳定、平等互信、合作共赢的国际安全环境。

✎ 思 考 题

1. 我国武装力量如何捍卫国家主权、安全、领土完整？

2. 我军开展亚丁湾护航行动有何战略意义？

3. 我军参加联合国维和行动主要承担哪些任务？

第七章

加强军队革命化现代化
正规化建设

按照革命化现代化正规化相统一的要求加强军队全面建设，是我军建设长期实践形成的一条基本经验。在新的历史起点上加强军队全面建设，必须认真贯彻新时期积极防御军事战略方针，坚持以推动国防和军队建设科学发展为主题、以加快转变战斗力生成模式为主线，深入推进中国特色军事变革，努力建设一支听党指挥、能打胜仗、作风优良的人民军队。

第一节　坚持从思想上政治上建设部队

思想政治建设是中国共产党在中国人民解放军中进行的思想、政治、组织方面的建设，是军队革命化建设的核心。新形势下，面对敌对势力的渗透、社会环境的变化、官兵构成的改变，坚持从思想上政治上建设部队，必须毫不动摇坚持党对军队的绝对领导，加强和改进军队思想政治建设，永葆人民军队性质、宗旨、本色和作风。

坚持从思想上政治上建设部队，是我军建设的一条基本原则。秋收起义失败后，毛泽东领导了著名的三湾改编，确立了支部建在连上的制度，从组织上保证了党对军队的领导。1929 年 12 月，古田会议通过了《中国共产党红军第四军第九次代表大会决议案》，强调红军是执行革命的政治任务的武装集团，解决了如何建设一支新型人民军队的重大问题。1932 年 7 月，中共中央明确指出："政治工作不是附带的，而是红军的生命线。"1954 年 4 月，毛泽东亲自审阅《中国人民解放军政治工作条例（草案）》，恢复了原稿中被划去的"中国共产党在中国人民解放军中的政治工作是我军的生命线"字样。新时期随着军队内外环境的变化，政治工作面临新的形势和任务。2010 年 9 月，中央军委修订颁布的《中国人民解放军政治工作条例》规定，必须从思想上、政治上、组织上确保军队始终成为党绝对领导下的人民军队，确保国防和军队建设科学发展，确保有效履行新世纪新阶段军队历史使命。

◆〉**知识链接**〉

　　古田会议，是 1929 年 12 月在福建省上杭县古田村召开的中共红四军第九次代表大会的简称。会议通过了《中国共产党红军第四军第九次代表大会决议案》（亦称《古田会议决议案》），规定红军是执行革命的政治任务的武装集团，强调思想建设的重要性，要求用无产阶级思想来进行党和军队的建设。初步解决了在党员以农民为主要成分的情况下如何从加强党的思想建设着手，保持党的无产阶级先锋队性质的问题，以及在农村进行游击战争的环境中，如何将以农民为主要成分的革命军队建设成无产阶级领导的新型人民军队的问题。

我军的政治工作，坚持党对军队的绝对领导和人民军队的性质、宗旨，坚持把思想政治建设摆在各项建设的首位，坚持官兵一致、军民一致、瓦解敌军三大原则和政治民主、经济民主、军事民主三大民主，以人为本、促进官兵全面发展，实现继承优良传统与创新发展的统一。军队政治工作坚持实事求是和群众路线的根本作风和方法，实行党委（支部）统一的集体领导下的首长分工负责制，在团以上部队和相当于团以上部队的单位设立党的委员会、政治委员和政治机关，营和相当于营的单位设立党的基层委员会和政治教导员，连和相当于连的单位设立党支部和政治指导员，开展组织、干部、宣传教育、保卫、群众等方面的工作，举行军人代表会议，设立军人委员会，实行内部民主。

毫不动摇地坚持党对军队的绝对领导，是军队思想政治建设的根本，关系军队的性质和国家的长治久安。党的建设是军队全部工作的基础和关键，是军队建设发展的核心问题。要坚持不懈用党的创新理论武装官兵，始终确保党对军队的绝对领导，紧紧围绕能打仗、打胜仗，推进制度创新，改进方式方法，不断增强军队党建工作的时代感和科学性，成为部队战斗力的增强剂和功放器。

思想政治教育是中国共产党对军队实施思想政治领导的基本途径，是加强军队全面建设、完成各项任务的中心环节。全军坚持用中国特色社会主义理论体系武装官兵，深入学习贯彻习近平总书记系列重要讲话精神，大力培育社会主义核心价值观和当代革命军人核心价值观，大力发展先进军事文化，大力弘扬我军优良传统，紧紧围绕实现强军目标深入开展主题教育、基础教育、经常性思想教育和形势政策教育。2009 年 11 月，中央军委批准总政治部颁布《中国人民解放军思想政治教育大纲》，明确了教育的内容、方法、程序和制度。全军灵活运用和创新发展教育形式方法，建成联通部队和院校的政治工作网，为边海防部队配发数字电影播放设备，建好军史馆、文化活动中心、"指导员之家"、学习室和连队俱乐部、荣誉室，开展心理测评、心理训练和心理危机干预等心理服务工作。着力增强思想政治教育时代性和感召力，增强说理性和战斗性，用真理说服人、用真情感染人、用真实打动人，既理直气壮讲大道理、讲正道理、讲实道理，也有理有据批驳和揭露各种错误思想观点，收到正本清源、固本培元的功效。

治军之道，要在得人。选人用人公不公、好不好、准不准，具有十分重要的导向作用。2011 年 12 月，总政治部修订发布《军队干部选拔任用工作程序规定》，要求进一步扩大民主、规范程序、强化监督，提高选人用人的科学性、准确性和公信度。规定对选拔确定后备干部、干部任用提名、听取群众反映和党委研究决定的程序规则作了充实完善，要求在选拔后备干部环节，政治机关要差额形成人选方案，在干部任用提名环节，要将民主推荐和征求纪委意见纳入程序，为选人用人提供了可靠的法规依据。

第二节　推动信息化建设加速发展

信息化是一场由信息科技进步引发的革命。世界新军事革命向纵深发展，机械化战争形态向信息化战争形态加速转变，推进国防和军队现代化必须把握信息化这一时代内涵，准确把握信息化建设的历史方位，统筹加强军事信息系统、信息化主战武器装备系统和信息化支撑环境建设，提高基于信息系统的体系作战能力。

我军的信息化建设起始于指挥自动化建设。20世纪50年代末在空军开展的半自动化防空指挥系统工程，开启了我军信息化建设的先河。60年代实施的一些作战指挥工程建设，已初具信息化的技术特征。以70年代末的全军作战指挥自动化工程为标志，我军信息化建设在作战指挥领域全面展开。21世纪的头十年，我军信息化建设从分领域建设为主转为跨领域综合集成为主，总体上处于全面发展的起始阶段。进入第二个十年以来，我军信息化建设从指挥手段建设向联合作战体系的全要素拓展，从作战指挥领域向训练、保障和日常业务领域全方位延伸，进入一个加速发展的新阶段。

加强军事信息系统建设。军事信息系统是信息化条件下联合作战体系构建和运转的核心，各种作战力量、作战单元、作战要素融合集成为整体作战能力，必须依靠军事信息系统，对体系作战能力的形成和发挥起着主导作用。经过30多年的发展，我军军事信息系统建设取得了长足进步，以作战指挥网、军事综合信息网和军用移动通信系统的投入为标志，信息基础设施实现跨越式发展；以建成指挥信息系统和联合海空情预警体系为标志，信息化指挥手段取得了重要成果；以军事、政治、后勤、装备等业务信息系统的网络化应用为标志，机关和部队业务工作的信息化水平明显提高。推动信息化建设加速发展，要着眼未来战争需要突出抓好指挥控制系统建设、战略预警体系建设、提高信息融合能力；完善指挥信息系统，提升指挥控制系统与作战力量和保障系统的互联互通水平；把信息资源开发利用摆在更加突出的位置，推进信息系统集成，促进信息融合共享，深度开发和高效利用信息资源。

▲ **信息化指挥系统**　　　　　　　　　（国防部外事办公室提供）

　　加快信息化主战武器装备系统建设。信息技术在军事领域的广泛运用深刻改变了战斗力要素的内涵，信息能力在战斗力生成模式中起着主导作用，信息化武器装备成为战斗力的关键物质因素。近年来，我军着眼提升主战武器系统的快速感知、目标定位、敌我识别和精确打击能力，对部分在役坦克、火炮、舰船和飞机进行了数据链加改装，成功研发一批信息化水平较高的新型作战平台并配发部队，扩大精确制导弹药的比例和规模，主战武器系统信息化水平大幅提高；加快发展新型作战手段，信息攻防作战能力不断增强。同时也要看到，我军信息化建设总体技术水平还不高，信息化武器装备数量规模有限，各军兵种和各战略方向信息化发展还不平衡。要着力突破制约信息化建设的核心关键技术，加强新一代信息网络技术发展和应用，研发部署新型主战武器装备，推进主战武器平台信息化改造，加强信息作战武器装备建设。

促进信息化支撑环境建设。信息化支撑环境是军队信息化建设的基础和保证，主要包括军事理论、法规标准、体制编制、人才队伍和基础技术等。自 2004 年成立全军信息化领导小组以来，建立了信息化领导、管理和咨询工作体系，制定了军队信息化建设中长期规划和指导性意见，修订完善了各类技术规范，成立了一批信息作战和信息支援保障部队，信息化建设的集中统一领导得到了加强，信息化理论探索和重大现实问题研究不断深化。为提高信息化建设整体质量和效益，要进一步加强信息化建设的战略筹划和领导

◆◆ 〉知识链接 〉

美国在全球信息基础设施日趋完备的基础上，推进信息化转型深入发展。聚焦与势均力敌对手的高端战争，提出空海一体战理论，颁布联合进入作战条令，大量研发和装备"全球鹰""捕食者"和"X-47B"等无人装备，发展和部署导弹防御系统。发展全球快速打击系统，研发"X-37B""HTV-2"等快速打击装备。大力发展网络战能力，组建网络战司令部，颁布网络战条令，发展网络战攻防部队。俄罗斯提出了"第六代战争理论"等信息化建设指导理论，加紧建设"统一军事信息空间"，试验推广"金合欢"指挥信息系统，加大对现有武器装备的信息化改造力度，明确将信息能力建设确立为未来装备建设的重中之重。

管理，完善法规标准和政策制度，加强适应信息化发展需要的院校教育和人才队伍建设，开展复杂电磁环境下训练，提高官兵适应信息化条件下作战要求的综合素质。

第三节　加强高新技术武器装备建设

高新技术武器装备反映国家的经济实力、科技实力和国防实力，是国家战略能力特别是军事能力的重要物质基础和主要标志，是维护国家安全的重要手段和战略支撑，对于提升我军信息化条件下的威慑和实战能力、完成多样化军事任务具有重要意义。

20 世纪 50 年代中期，党中央、中央军委作出了立足自身发展核武器等尖端武器的决策。1964 年 10 月，我国第一颗原子弹爆炸试验成功。1965 年 5 月，成功进行飞机空投原子弹空爆试验，我国拥有了可用于实战的核武器。1966 年 10 月，导弹核武器试验成功。1967 年 6 月，第一颗氢弹爆炸试验成功。60 年代中期，针对美苏两个超级大国的核威慑政策和军备竞赛，中央要求加速发展国防尖端技术。1970 年 4 月，我国第一颗人造地球卫星发射成功。1974 年 8 月，我军第一艘核潜艇——"长征一号"正式编入海军战斗序列。1977 年 9 月，党中央和中央军委决定，集中力量抓好洲际导弹、潜地导弹和通信卫星研制，争取国防尖端技术的新突破。1980 年 5 月，我国自行研制的洲际导弹全程飞行试验圆满成功。1982 年 10 月，潜地导弹发射试验成功，我国的战略核导弹实现了从液体到固体、从陆上到水下、从固定阵地发射到隐蔽机动发射的发展。海湾战争后，随着世界新军事革命的加速发展，我军加快高新技术武器装备建设步伐，积极引进先进武器装备，实施"杀手锏"装备建设和应急装备科研生产，研制、装备了新一代主战舰艇、飞机、战车，信息化含量明显提高。通过对传统装备的信息化改造，各军兵种主战装备精确制导、指挥控制、目标探测、通信与导航等功能不断改善和提升。目前我军已基本形成了以第三代为骨干、第二代为主体的武器装备体系，正继续推进武器装备重大工程建设，加紧研制第四代武器装备。

信息化战争要求以提高诸军兵种一体化联合作战能力为目标，切实搞好武器装备建设的科学筹划、顶层设计和系统配套。我军目前已建成了型谱比较齐全、结构比较合理、体系逐步完善，主战装备、电子信息装备与保障装备配套发展的装备体系。陆军加快发展陆军航空兵部队、轻型机械化部队、信息对抗部队和特种作战部队，加强数字化部队建设，装备 96 式、99 式主战坦克，04 式步兵战车，05 式自行加榴炮，03 式远程多管火箭炮，武直-10、武直-19武装直升机等新型武器装备，形成了快速机动、立体突击的陆上作战装备体系，空地一体、远程机动、快速突击和特种作战能力不断

▼ 歼-10 战机 （国防部外事办公室提供）

▲ 中国第一艘航空母舰辽宁舰入列后首次试航　　（解放军画报社提供·李靖/摄）

提升。空军加强以空中进攻、防空反导、战略投送为重点的作战力量体系建设，装备有空警-200、空警-2000型预警机，歼-10、歼-11型战斗机，红旗-9、红旗-12型地空导弹等新型武器装备，形成了地空一体、攻防兼备的制空作战装备体系，战略预警、威慑和打击能力稳步增强。海军注重提高近海综合作战力量现代化水平，装备了一系列核潜艇和常规潜艇、驱逐舰、护卫舰，以及"飞豹"歼击轰炸机等新型武器装备，形成了海空一体、适应近海防卫作战的海上作战装备体系，战略威慑与反击、远海机动作战、远海合作与应对非传统安全能力得到有效提高。2012年9月，"辽宁"号航空母舰正式交接入列，标志着国防和军队现代化建设取得显著成就。第二炮兵加快推进信息化转型，装备东风-4、东风-5、东风-11、东风-15、东风-21、东风-31型号系列的弹道导弹和长剑－10型巡航导弹等新型武器装备，形成了核常一体、射程衔接的地地导弹装备体系，快速反应、有效突防、精确打击、综合毁伤和生存防护能力逐步提升。同时也要看到，我军武器装备现代化总体水平还不高，高新技术武器装备的规模还比较小，与军事强国相比还有较大差距。要坚持作战需求牵引和科技推动相结合的原则，从体系建设的高度科学统筹谋划，在配套建设上下功夫，重点发展能有效制敌的"杀手锏"武器装备，努力做到各类武器装备建设协调发展，进一步优化武器装备体系结构。

高新技术武器装备技术密集、构造精密、系统复杂，装备管理水平和维修保障能力的高低成为制约其效能发挥的重要因素。第二炮兵与数十家国家大型军工企业和科研单位建立合作关系，与多个国家重点实验室建立科研成果孵化基地，聘请院士专家担任装备顾问，建立军地协作人才培养站，构建起军地一体的装备维修保障、寓军于民的装备人才培养、平战结合的装备保障动员三大体系，装备管理水平和维修保障能力都有很大提高。目前，全军装备维修保障技术和手段由基本适应一、二代装备，逐步向适应二、三代装备转变，主要装备已基本形成大修及应急支援保障能力，初步建成了以建制力量为主、预备役力量为辅、后备力量为补充的装备保障力量体系。

随着世界新科技革命的加速发展及其在军事领域的运用，信息化、智能化、一体化成为武器装备发展的总趋势。准确把握信息技术融合性、系统性、集成性和一体化的特点规律，推进武器平台与综合电子信息系统装备的有机融合、复合发展。利用先进成熟技术和设备，有选择、有重点、成建制开展现有装备系列化集成改造和综合性能提升，提高武器装备建设效益。大力发展拥有自主知识产权的国防关键技术和核心技术，按照生产一代、研制一代、预研一代、探索一代的原则，突破核心元器件、关键原材料、军用动力、先进制造工艺等技术瓶颈，推进武器装备建设持续快速发展。

◆〉**知识链接**〉•

　　当今时代，精确制导武器的使用更加普遍，美军在海湾战争中精确制导弹药约占 8%，阿富汗战争、伊拉克战争中分别上升到 56% 和 68%，2012 年北约空袭利比亚时已经接近 100%。

第四节　加快全面建设现代后勤

　　从某种意义上说，现代战争就是打保障。我们未来可能进行的作战，是大量运用高新技术武器装备，在多维空间战场展开的一体化联合作战，战争节奏快、强度高、消耗大，技术保障复杂，综合保障的任务极其繁重。没有强大的综合保障能力，很难赢得作战胜利。提高综合保障能力，一个重要方面是加快全面建设现代后勤步伐，努力提高后勤保障现代化水平。我军必须坚持围绕实现全面建设现代后勤总体目标，科学实施后勤建设重大工程，努力建设保障打赢现代化战争的后勤、服务部队现代化建设的后勤和向信息化转型的后勤。

　　革命战争年代，我军后勤补给主要靠老百姓支前，武器装备主要靠从敌人手中缴获。新中国成立后，我军加快建立全军集中统一的后勤体制，结合抗美援朝战争对现代后勤建设进行了积极探索，提出了"探索统供联勤之路，实行三军联勤体制"战略构想。改革开放以来，我军后勤建设顺应军队现代化发展、军事斗争准备深化的需要，在不断改革中加速发展。进入新世纪，我军基本形成了与市场经济发展要求相适应的军民结合、寓军于民的后勤保障方式。目前，全面建设现代后勤步入向信息化加速转型的新阶段。

保障体制一体化，打破了我军后勤各军兵种自成体系、垂直保障的传统格局，有利于提高保障效率，是全面建设现代后勤的组织保证。随着战争形态向信息化演进，诸军兵种一体化联合作战成为现代战争的基本样式，与之相适应，保障体制也需要实现一体化。中央军委于1998年作出逐步建立三军后勤保障一体化体制的战略决策。2004年7月济南战区启动大联勤试点体制，并于2007年4月正式运行。加快保障体制向一体化推进，需要以联合作战体系建设为牵引，按照联勤机构三军编成、保障实体统管共用、供应保障统一组织、后勤管理分工协作的思路，建设三军一体的后勤指挥体系、结构合理的后勤力量体系和高效顺畅的后勤运行体系，使三军保障力量形成整体。

保障方式社会化，能够最大限度地实现军队和社会保障资源的统一筹划、合理配置和集约使用，是全面建设现代后勤的重要依托。新中国成立后，与计划经济体制相适应，我军形成了大而全、小而全、军队办社会的后勤保障方式。加快保障方式向社会化拓展，要坚持走中国特色军民融合式发展路子，构建更广范围的社会化保障体系、快捷灵敏的后勤动员体系和军民结合的军事物流体系，把军队后勤建设深深融入国家经济社会发展体系之中。截至2012年年底，全军已有1600多个单位、60多万人的饮食保障由社会承担，5200多个营区实行物业管理，4000个单位油料供应实行社会化，16 万基层官兵医疗实现社会化，运用民用运力完成军事运输任务已形成常态化机制。随着国家战略利益拓展，军队社会化保障已向海外延伸。在印度洋护航行动中，通过相关中资机构在友好国家的港口码头设立物资补给点，为部队实施海外战略投送提供生活给养、物资油料供给、伤病员救治和人员休整等相关保障，有力支持了护航任务的圆满顺利完成。

　　保障手段信息化，是全面建设现代后勤的核心任务。信息技术的迅猛发展直接影响着军队保障力的内涵和生成模式，信息能力越来越成为保障力增长的决定性因素。加快保障手段向信息化迈进，要综合运用信息技术、网络环境和信息资源，建设复合发展的后勤装备体系、综合集成的信息网络体系和功能完备的保障设施体系，逐步实现保障需求实时可知、保障资源实时可视、保障活动实时可控。近年来，全军以一个后勤数据中心，军人保障卡和军事物流两个系统，后勤一体化指挥、后勤业务通用办公和后勤信息服务 3 个平台等大型综合型信息系统的建设为抓手，完成后方仓库、战储管理和后勤装备管理 3 个信息系统建设，构建了涵盖不同层次和各军

▼ 后勤保障野战医疗　　　　　　　　　　（解放军画报社提供　姚安泉／摄）

兵种的 11 大类、139 种、212 型装备的第二代新型后勤装备体系，保障手段信息化水平不断提升。

后勤管理科学化，是提高后勤建设质量效益的必然要求和全面建设现代后勤的基础工程。要坚持勤俭建军原则，以标准化管理为核心，建设科学民主的后勤决策体系、完善配套的法规和标准体系、严格规范的管理监督体系，建设节约型后勤。全军已先后出台 150 多部法规规章，制定修改 300 多项标准制度，深化预算、采购、医疗等政策制度改革，全面推行战备工程、装备建设、领导干部经济责任等重大专项审计，取得直接经济效益 193 亿元。"十一五"期间，全军深入开展资源节约活动，节水 2.75 亿吨，节电 12.9 亿度，节油 14.6 万吨。

第五节　培养高素质新型军事人才

高素质军人是现代军队这个复杂人机系统运行的决定性因素，是国防和军队现代化建设最重要的资源。战争形态的加速演变、军队建设的快速发展和军队职能任务的不断拓展，需要努力造就大批能够担当强军重任的高素质新型军事人才。

1927 年 11 月，毛泽东在井冈山革命根据地开办军官教导队，开启了兴学办校培养军事人才的先河。到陕北后不久，成立了中国人民抗日军事政治大学（简称"抗大"），毛泽东等中央领导亲自参加授课，抗大总校及其各分校、总分校累计培养 10 多万名干部。新中国成立后，我军建立了南京军事学院、哈尔滨军事工程学院等一大批军事院校，军事人才培养走上正规化。改革开放后，全军组建以国防大学、国防科技大学为代表的军事院校，建立依托地方高校培养军队人才制度，派出多批军事留学生，人才培养取得巨大进步。进入新世纪，全军深入实施人才战略工程，大规模培养人才，大幅度提高素质，人才队伍建设不断迈出新步伐。

突出信息化人才培养。新形势下军事人才建设，必须把握信息化这一时代内涵，在信息能力对战斗力生成起主导作用、信息化武器装备成为战斗力的关键物质因素的条件下，军事人才素质必须由适应机械化要求向适应信息化要求转变，以掌握信息化知识、具有信息化能力、能够打赢信息化战争为基本特质，实现官兵知识结构的更新和信息素质的升级。要按照能打仗、打胜仗的要求，以指挥军官队伍、参谋队伍、科学家队伍、技术专家队伍、士官队伍"五支队伍"建设为重点，进一步抓好联合作战指挥人才、信息化建设管理人才、信息技术专业人才、新装备操作和维护人才"四个方面人才"的培养，深入实施军队人才战略工程，为我军形成体系作战能力提供人才和智力支持。坚持院校培训、岗位锻炼与遂行军事行动任务相结合，把联合作战指挥人才、新型作战力量人才培养作为重中之重，推动人才队伍建设整体水平有一个大的跃升。

提高官兵综合素质。人是战争中武器装备的使用者和作战方法的创造者，其综合素质在一定条件下对战争的进程和结局具有决定性影响。全军坚持把思想政治素质摆在首位，全面提高科技素质，实行生长干部本科化教育，稳步扩大研究生培养规模，加大任职教育培训力度，建立院校与部队联合育人机制，构建院校培训与部队实践并重的人才培养体系，走军民融合培养人才路子，官兵综合素质不断提高。当前，要根据军事人才成长规律和各类岗位需求，强化院校和部队合力育人，加大开发式培养力度，建立完善以提高能力为核心、培训与使用紧密结合的人才全程培养机制。努力形成院校教育与部队训练衔接、军事教育与依托国民教育并举、国内培养与国外培训结合的官兵素质培养格局，健全军队院校教育、部队训练实践、军事职业教育三位一体的新型军事人才培养体系，加强官兵的技能、智能、体能、心理和作风纪律等各方面的训练，实现官兵的全面发展。

◆◆〉知识链接 〉

　　2000 年，我军建立依托普通高等教育培养军队干部制度。2005 年，建立非现役文职人员制度。2006 年，开始从大学毕业生士兵中选拔军官。2011 年，开始从普通高等院校毕业大学生中选拔飞行学员。2003—2013 年，全军共外派军事留学生近 1600 名，安排 480 名作战部队师旅级主官出国考察和培训。

　　推动军队院校教育科学发展。军队院校是培养军事人才的主渠道，在军队现代化建设中具有重要地位和作用。2012 年 6 月，中央军委颁发的《2020 年前军队院校教育改革和发展规划纲要》提出，建立和完善以岗位需求为牵引的人才培训体系，以任职教育为主体的新型院校体系，形成现代军队院校教育体制，构建军事创新教育机制，基本实现院校教育信息化。进一步推动军队院校教育科学发展，要牢牢扭住思想政治建设这个根本建设和培育优良校风这个基础工程，把强军目标贯穿到学校建设全过程和各领域，从严治校、从严治教、从严治学，深入研究现代军事教育特点和规律，坚持面向战场、面向部队、围绕实战搞教学，走以提高质量为核心的内涵式发展道路，努力培养造就能够担当强军重任的优秀军事人才。

第六节　开展信息化条件下军事训练

我军坚持把军事训练作为和平时期推进部队全面建设、提高部队战斗力的基本途径，全面深化训练改革，大力加强实战化训练，积极开展信息化条件下军事训练。

我军的军事训练经历了一个不断发展的历史过程。解放战争时期，我军广泛开展官教兵、兵教官、兵教兵的群众性练兵运动，部队的技战术有了很大改善。新中国成立后，我军将军事训练确定为建设现代化军队必须长期坚持的经常的中心工作，开始进行正规训练。1963—1964 年，全军推广郭兴福教学法，开展大练兵、大比武活动，掀起了群众性练兵活动高潮。改革开放后，我军把教育训练提高到战略地位，改革训练体制、内容和方法，加强诸军兵种合同演练，广泛开展科技练兵活动，军事训练不断创新发展。新世纪以来，随着战争形态向信息化加速演变，我军积极推动机械化条件下军事训练向信息化条件下军事训练的转变。

◆◆〉**知识链接**〉

郭兴福教学法是人民解放军以郭兴福的名字命名的一种军事训练教学方法。1964 年 1 月，中央军委号召全军掀起学习郭兴福教学法运动。叶剑英把郭兴福教学法归纳为 5 个突出特点：一是善于在教学中抓现实思想，充分调动练兵积极性；二是练技术、练战术、练思想、练作风紧密结合在一起；三是采取由简到繁、由分到合、情况诱导、正误对比的方法；四是把言传与身教、苦练与巧练结合起来，使战士百听不厌，百练不倦；五是严格要求，一丝不苟，循循善诱，耐心说服。

改革军事训练内容。全军按照新一代《军事训练与考核大纲》组织实施训练，重点是加强首长机关指挥训练，强化指挥信息系统和信息化武器装备操作训练，突出信息化知识学习。加强使命课题训练，推进维护海洋、太空和电磁空间安全的研究与训练，有针对性地开展非战争军事行动训练。加强信息化条件下战略战役指挥训练和部队训练，举行跨区域检验性对抗演练，进行整建制夜间训练，开展后勤、装备保障综合演练。研究电子对抗装备技术性能和战术运用特点，加强抗干扰训练、电子对抗训练，开展复杂电磁环境下作战行动演练，努力掌握信息化条件下军事训练的特点和规律。

创新军事训练方式方法。坚持以上带下，以战略训练统领战役训练，以联合战役训练引领军种战役训练，以战役指挥训练带动部队训练，促进各层次训练有机衔接。依托指挥信息系统，进行各类作战单元合成训练、各种作战要素集成训练和全系统全要素联合训练。深化编组联训、对抗性训练，突出复杂电磁环境、复杂陌生地形、复杂气候条件下训练，开展战役级首长机关带建制师（旅）跨区演习，加大训练考核评估力度，按实战要求、战时编组和作战流程组织训练。2013年，第38集团军一改过去每年只有一两个兵种部队驻训的做法，组织所属机械化步兵、装甲兵、陆军航空兵等10多个兵种部队同步参加演训。训练着力突出协同作战的特点，地面机动、特种作战、空中突击等作战力量整体联动，火箭弹、导弹、炮弹"遍地开花"，初步实现多兵种统训、多层级合训、多课题联训，部队的体系作战能力得到提高。

▲ **陆军航空兵编队**　　　　　　　　　　（解放军画报社提供　郭维虎／摄）

改进军事训练手段。适应联合训练需要，突出抓好大型综合训练基地建设，加快合同战术训练基地以复杂电磁环境建设为重点的信息化改造，发展模拟训练器材和系统，完善军事训练信息网络。北京军区现已建成全军一流的现代化大型训练基地，"新编摩托化步兵旅训法战法研究""机械化师在'多维立体战场'环境下对抗演练"等上百项科技练兵成果得到论证检验，"连续突击、夺控要点"等上百项战法从这里诞生，被官兵誉为"未来战场实验室"。在陆军航空兵学院模拟训练中心，飞行学员在直升机模拟舱内不但可以感受阴云密布的复杂天气，更可以体验到直升机跃起、俯冲的特技动作，他们足不出户便可以完成所有飞行课目训练。

深化训练管理改革。目前，全军逐步优化训练领导管理体制，完善训练法规，落实训练责任制，改革训练考评，推动了军事训练全过程全要素精细管理。我军深入推进训练管理改革，需要充分运用现代管理思想和信息技术手段，优化体系结构，完善体制机制，健全法规制度，强化训练各要素、各环节、各层次的精确管控，解决信息化条件下军事训练"怎么管"的问题。

第七节　加大依法治军从严治军力度

依法治军、从严治军是强军之基，是军队建设的全局性、基础性、长期性工作。战争形态的加速转变和社会环境的深刻变化，要求国防和军队建设必须走法治化道路，深入推进依法治军、从严治军，加强科学管理，做好抓基层、打基础的工作，不断提高国防和军队建设法治化水平。

革命战争年代，我军颁布了一些法规条令，但更加强调官兵自觉的纪律。新中国成立后，我军以实行统一的指挥、统一的制度、统一的编制、统一的纪律、统一的训练和加强组织性、计划性、准确性、纪律性为内容，开始系统的正规化建设，颁布法规条例，实行义务兵役制、薪金制和军衔制，加强管理和教育，军队正规化水平大大提高。改革开放后，我军正式确立了依法治军的建军方略，制定颁布《中华人民共和国国防法》等一大批法律法规，重建和完善军事司法体系和制度，严格部队管理，加强基层建设，依法治军、从严治军力度不断加大。

提高军队建设的法治化水平。法治化是正规化的核心。我军高度重视军事立法工作，把部队建设和管理中创造的成功经验及时用法律法规的形式确定下来，不断完善具有我军特色的军事法律法规体系。截至 2014 年 10 月 20 日，全国人大及其常务委员会制定的国防和军事方面的法律及决定 18 件，国务院、中央军委联合制定的军事行政法规 99 件，中央军委制定的军事法规 243 件，各总部、军兵种、军区和武警部队制定的军事规章 3700 件（含部分规范性文件）。我军建设要提高法治化水平，一方面要健全适应现代军队建设和作战要求的军事法律法规制度体系，健全军事法制工作体制，建立完善领导机关法制工作机构，创新发展依法治军理论和实践，构建完善的中国特色军事法治体系；另一方面要强化官兵法治理念和法治素质，完善军事法律人才培养机制，加强军事法治理论研究，切实做到党委依法决策、机关依法指导、部队依法运转、官兵依法履职，不断提高依法治军水平。这些年赴海外执行维和、护航、训练和演习任务的部队，坚持在相关的国际法准则和国际条约框架内行动，树立了威武文明之师的良好形象。

坚持从严治军。从严治军是建设强大军队的铁律，稀稀拉拉，松松垮垮，就不成其为军队，就打不了仗，更不可能打胜仗。清朝的八旗军曾是一支战斗力强悍的军队，为建立清朝和统一全国立下汗马功劳，但入关后由于管理松懈，加之承平日久，风气败坏，训练废弛，大批官兵整日游荡赌博、斗鸡走狗，熟习弓马者越来越少，不到一百年就完全丧失了战斗力。从严治军是人民军队的鲜明特色。目前，全军严格按照条令条例指导和开展工作，全面规范部队战备、训练、工作和生活秩序，加大条令执行力度，健全警备纠察法规机制，查处和纠正违纪现象。扎实开展群众路线教育实践活动，下大气力整肃军纪，重点抓住官兵们反映强烈的突出问题，旗帜鲜明反对腐败、反对特权，切实克服形式主义、官僚主义、享乐主义和奢靡之风，始终保持人民军队的优良作风和良好形象。坚持从严治军铁律，需要进一步加大军事法规执行力度，明确执法责任，完善执法制度，健全执法监督机制，严格责任追究，推动依法治军落到实处。

加强科学管理。世界新军事革命不仅是一场军事技术和军队组织体制的革命，也是一场军事管理革命。我军武器装备的现代化水平越来越高，部队组织结构和编成越来越复杂，军费投入也在不断增加，如何加强科学管理，是摆在我们面前一个亟待解决的问题。20世纪60年代美国国防部引入规划、计划与预算系统（PPBS）来制定战略规划，2003年又将其升级为规划、计划、预算与执行制度（PPBES），提高了战略规划效益和科学管理水平。我军应借鉴吸收外军有益的管理经验，加强现代管理知识学习，转变领导管理方式，积极探索具有我军特色的科学管理模式。坚决贯彻落实《厉行节约严格经费管理的规定》，加大财经管理和整治力度，构建需求牵引规划、规划主导预算的现代军费管理制度，切实把有限的军费用在刀刃上。

做好抓基层、打基础的工作。基层是部队全部工作和战斗力的基础。基础不牢，地动山摇。全军部队以《军队基层建设纲要》为依据，牢固树立强基固本思想，始终把工作重心放在基层，下大力气解决影响基层建设的突出矛盾和问题，着力加强一线指挥部、一线战斗堡垒、一线带兵人队伍建设，加大经常性基础性工作落实力度，推动基层建设全面进步、全面过硬。2013年，全军涌现出1.2万个先进基层单位、63.7万多名优秀士兵和5800多个军事训练一级连队，打牢了强军的坚实基础。

◆◆〉**知识链接**〉·········

　　《军队基层建设纲要》（以下简称《纲要》）是人民解放军指导和加强军队基层建设的基本准则和依据。《纲要》于1988年制定试行、1990年正式颁发，1993年、1995年、2003年和2009年四次修订。《纲要》从基层建设标准、基层经常性主要工作、基层建设的总结评比和表彰、领导机关抓基层的主要职责和要求等四个方面，对军队基层建设进行了系统规定。

▌ **本章小结** ▌················

　　我军坚持以推动国防和军队建设科学发展为主题，以加快转变战斗力生成模式为主线，全面加强军队革命化现代化正规化建设，为建设一支听党指挥、能打胜仗、作风优良的人民军队而奋斗。全军坚持从思想上政治上建设部队，推动信息化建设加速发展，加强高新技术武器装备建设，加快全面建设现代后勤，培养大批高素质新型军事人才，深入开展信息化条件下军事训练，加大依法治军、从严治军力度，军队全面建设水平不断提高。

✎ **思 考 题**

1. 加强军队革命化现代化正规化建设包括哪些方面的内容？

2. 怎样从思想上政治上建设部队？

3. 如何理解推动我军信息化建设加速发展的重大意义？

第 八 章

推动中国特色军事变革深入发展

中国特色军事变革是应对世界新军事革命的必然之举，是推动国防和军队现代化的强大动力。世界科技革命、产业革命、军事革命蓬勃发展，深化国防和军队改革正面临难得的机会窗口。千帆竞渡，时不我待。我们必须乘势而上，紧跟世界军事发展潮流，推动中国特色军事变革深入发展。

第一节　坚定不移深化国防和军队改革

改革创新是我军发展的强大动力。我军改革步伐从来没有停止过，没有改革，国防和军队建设不可能有今天这样好的形势。当前，国防和军队改革进入了攻坚期和深水区。要进一步坚定决心和信心，全面总结历史经验，深刻认识改革规律，以逢山开路、遇水架桥的精神，加快推进军队各项改革。

◇　一、我军建设的历史是一部改革发展的历史

新中国成立后的五六十年代，我军建设开始了由低级阶段向高

级阶段的转变。我们党着眼建设强大的现代化、正规化国防军的战略目标，建立健全国家军事领导体制和各级军事领导管理体制，成立中央人民政府人民革命军事委员会，充实和调整军委总部领导机构，建立和完善军区领导体制；组建海军、空军和第二炮兵，成立并不断调整军兵种领导机构；实施军衔制、薪金制和义务兵役制，制订颁发共同条令、政治工作条例；组建军事学院等军事院校，成立军事科学院等军事科研机构，实施统一、正规的军事训练；建立统一的后勤保障体制；组建国防科委、国防工委及国防科研机构，不断改革完善国防科技工业领导体制；大力发展民兵，试行预备役，探索三结合武装力量体制新的实现形式。

20 世纪 70 年代末至 80 年代，军队建设指导思想实行战略性转变，由准备"早打、大打、打核战争"转到和平时期的建设轨道上来。改革完善国家军事领导体制，设立国家中央军事委员会；把体制改革、精简整编作为军队改革的重要任务，实施百万大裁军；改革调整军委总部、兵种机关和大军区体制，撤销、合并、缩编一些兵种，将 11 个大军区调整为 7 个大军区，合并成立国防科学技术工业委员会、国防大学等机构；明确提出精兵合成、质量建设的方针，调整陆军的编制，组建合成集团军，加大特种兵比重；建立预备役部队，组建中国人民武装警察部队，进一步完善三结合武装力量体制。

进入 90 年代，我军积极推进中国特色军事变革。以信息技术为核心的高新科技迅猛发展，对军事领域产生了深刻影响。我们党准确把握世界新军事革命发展趋势，确立以打赢现代技术特别是高技术条件下的局部战争为基点的新时期军事战略方针，实施科技强军战略，逐步实现由数量规模型向质量效能型、由人力密集型向科技密集型转变，制定国防和军队现代化"三步走"的发展战略。把中国特色军事变革作为军队现代化发展的必由之路，提出建设信息化军队、打赢信息化战争的战略目标。以进一步优化结构、理顺关系为重点，裁减军队员额 50 万；精简总部领导机关、总部及军区直属部队，改革院校体制，优化部队编成结构，加强军兵种和应急机动作战部队建设；建立新的武器装备管理体制，成立总装备部；调整后勤保障体制，建立三军一体联勤保障体系。

进入新世纪，我军在新的历史起点上开创现代化建设新局面。面对战争形态的新变化和国家安全的新需求，我军把军事斗争准备的基点转到打赢信息化条件下的局部战争上来，加快机械化和信息化复合发展，增强应对多种安全威胁、完成多样化军事任务的能力。以压缩规模、改革体制、优化结构、调整编组、完善制度为重点，裁减军队员额 20 万。改善官兵编配比例，减少副职领导干部，部分干部岗位改由士官担任，大幅减少干部数量；完善领导指挥体制，重点精简军以上机关和直属单位，减少指挥层次，健全作战指挥体系；优化军兵种结构，精简陆军，减少装备技术落后的一般部队，加强海军、空军和第二炮兵建设；深化联勤保障体制改革，扩大以军区为基础的联勤保障范围；调整院校体制编制，健全军地并举培养军事人才的体制和制度，加快建立和完善以任职教育为主体、军事高等学历教育和任职教育相对分离的新型院校体系；强化军委总部战略管理职能，成立解放军战略规划部，改编组建总参谋部军训部和信息化部，改革部队编组模式，推动作战力量编成向精干、联合、多能、高效方向发展。

◈ 二、深化国防和军队改革是实现强军目标的必由之路

改革是实现强军目标的可靠保障。我军从建军那天起，就在党的坚强领导下，适应形势任务发展变化，不断创新具有我军特色的军事制度和组织体制，不失时机进行改革，推动我军由小到大、由弱到强，从胜利走向胜利。没有改革，国防和军队建设不可能有今天这样好的形势。但是，目前国防和军队建设还存在着一些突出矛盾和问题，我军打现代化战争能力不够、各级干部指挥现代化战争能力不够，我军现代化水平与国家安全需求相比差距还很大、与世界先进军事水平相比差距还很大的"两个能力不够""两个差距还很大"尖锐地摆在我们面前。新的历史条件下，走中国特色强军之路，实现强军目标，是一项开拓性的伟大事业。只有抓住深化改革这关键一招，着力解决制约国防和军队建设的体制性障碍、结构性矛盾、政策性问题，才能有效应对前进道路上面临的新情况新挑战。

改革是应对世界军事发展挑战的迫切需要。军事领域是竞争和对抗最为激烈的领域，也是最具创新活力、最需创新精神的领域。当前，世界主要国家都在加快推进军队改革，谋求军事优势地位的国际竞争加剧。在这场世界新军事革命大潮中，谁思想保守、故步自封，谁就会错失宝贵机遇，陷于战略被动。军事上的落后一旦形成，对国家安全的影响是致命的。我军目前尚未实现机械化，信息化建设还处在全面发展的起始阶段，技术水平总体还比较低。而随着世界新军事革命的加速发展，军事体系、组织体制、作战方式等正发生着全面变革，不顺应变革趋势，就可能使我国与世界军事强

国之间形成新一轮"时代差"。我们必须乘势而上，始终站在时代前沿、军事前沿、技术前沿加紧推进改革，努力缩小同世界军事强国的差距，切实掌握国际军事竞争的战略主动权。

改革是提高信息化条件下作战能力、有效履行我军职能使命的战略举措。信息化战争是大体系支撑精兵行动，是多维立体的战略性行动，平台作战、体系支撑、战术行动、战略保障已成为其显著特点。我军履行根本职能的要求越来越高，完成使命任务的担子越来越重，加快推动我军转型、努力构建中国特色现代军事力量体系的任务艰巨繁重。历史地看，我军军事力量体系是在机械化战争条件下和打大规模地面战争背景下形成的，整体上仍属于陆战型、国土防御型的结构。我军在体制编制和政策制度调整改革上已经采取了一系列举措，但还存在着一些深层次矛盾和问题，领导管理体制不够科学、联合作战指挥体制不够健全、力量结构不够合理、政策制度改革相对滞后等还没有得到解决，从根本上制约了军队建设和军事斗争准备。不改革是打不了仗、打不了胜仗的。为提高我军信息化条件下作战能力，确保更好完成多样化军事任务，必须加快推进国防和军队改革，努力形成与能打仗、打胜仗相适应的新型体制机制。

◆ 知识链接

美军大体系支撑精兵行动已成为常态。2011 年在其击毙本·拉登的"海王星之矛"行动中，24 人的特战小分队在天上卫星信息保障、海上航母舰队接应、陆上军事基地支援下，以 40 分钟的精兵作战完成了一场多维立体的战略性行动。

◇ 三、深化国防和军队改革必须坚持正确的方向和原则

深化国防和军队改革，必须以毛泽东军事思想、邓小平新时期军队建设思想、江泽民国防和军队建设思想、胡锦涛国防和军队建设思想为指导，坚决贯彻习近平关于国防和军队建设重要论述，紧紧围绕实现党在新形势下的强军目标，坚持有利于加强党对军队绝对领导，有利于提高能打仗、打胜仗能力，有利于保持和弘扬我军优良作风，着力解决制约国防和军队建设发展的突出矛盾和问题，创新发展军事理论，加强军事战略指导，完善新时期军事战略方针，构建中国特色现代军事力量体系，为实现中华民族伟大复兴的中国梦提供坚强安全保障，为维护世界和平和地区稳定发挥积极作用。

深化国防和军队改革，目标是要解决制约国防和军队建设的突出矛盾和问题，构建中国特色现代军事力量体系。要加快重要领域和关键环节改革步伐，进一步解放和发展战斗力，进一步解放和增强军队活力，为实现强军目标提供体制机制和政策制度保障。坚持用战斗力标准衡量和检验改革成效，使各项改革同军事战略方针的指向和要求一致起来，提高改革筹划和实施的科学性。紧紧围绕能打仗、打胜仗的要求，把主攻方向放在解决军事斗争准备中的重点、难点问题上，放在战斗力建设的薄弱环节上。

深化国防和军队改革，必须加强统筹谋划。国防和军队改革是一项系统工程，对牵一发而动全身的改革任务，要扭住不放，以重点突破带动整体推进。同时，把握好各项改革任务的关联性和耦合性，避免畸轻畸重、顾此失彼，避免各行其是、相互掣肘。要正确

处理改革发展稳定的关系，掌握好改革节奏，控制好改革风险，有力有序推进改革，确保部队高度稳定和集中统一，确保部队随时能够完成各项任务。

深化国防和军队改革，必须坚持正确的政治方向。党对军队的绝对领导，是我国的基本军事制度和中国特色社会主义政治制度的重要组成部分，全心全意为人民服务是我军的根本宗旨。无论怎么改，这些都绝对不能变。国防和军队改革是在中国特色社会主义道路上不断前进的改革，既不能走封闭僵化的老路，也不能走改旗易帜的邪路，最核心的是坚持和改善党的领导、坚持和完善中国特色社会主义制度。

当今世界，谁都不可能关起门来搞改革。深化国防和军队改革，要善于学习借鉴外军经验，学习借鉴地方改革好的做法，结合军队实际和特点创造性地加以运用，以我为主、为我所用。我国的社会制度、发展阶段、安全环境、军事战略，我军的性质宗旨、战略任务、武器装备发展水平、历史传统等，都决定了不能简单照搬照抄。必须解放思想、开阔视野，立足中国国情，走中国特色的国防和军队改革发展路子。

国防和军队改革千头万绪，必须牵住"牛鼻子"，抓住主要矛盾和矛盾的主要方面，不能眉毛胡子一把抓，防止避重就轻、避难就易、避实就虚。当前，应努力在领导指挥体制改革，优化结构、完善功能，深化军队政策制度改革，推动军民融合深度发展四个方面的重难点问题上进行突破。

实践证明，深化国防和军队改革根本的是要解放思想、更新观念，坚决突破思想禁忌和认识误区。世界新军事革命加速发展，谁思想保守、故步自封，谁就会错失宝贵机遇，陷于战略被动。

要消除求稳怕乱的心理，打破大陆军思想和狭隘军种观念的禁锢，走出保守和惯性思维的定式。搞改革，现有的工作格局和体制运行不可能一点都不打破，不可能都是四平八稳、没有任何风险。改革就是一个不断探索、不断纠错的过程，没有包治百病的灵丹妙药。这就要求我军既要加强宏观思考和顶层设计，也要鼓励大胆试验、敢于突破，通过深化改革努力实现能打仗、打胜仗这个目标。

第二节　创新发展军事理论

军事理论创新是军事变革的先导，中国特色军事变革呼唤着具有时代气息的创新军事理论的产生。要拓宽战略视野，更新发展观念，围绕重大现实问题开展理论研究，并创新发展军事科学体系。

创新的前瞻性的军事理论，对军事技术发展、武器装备研制、军事组织体制调整具有重要的指导和牵引作用。人类军事发展的历史表明，军事理论创新的程度与军事革命的进程是一致的。19世纪末20世纪初，制海权、制空权理论的提出，使战争和作战方式出现了巨大变革。第一次世界大战后，机械化战争、装甲作战等理论的出现，把人类战争加速导入机械化战争的轨道。20世纪90年代以来，信息主导、体系支撑、精兵作战、联合制胜等新观念发展趋势明显，人类战争形态由机械化向信息化转变的步伐大大加快。当今世界各国都把军事理论创新作为新军事革命的重要内容，以军事理论创新引领军事变革。美军军事理论创新异常活跃，先后提出了非接触作战、网络中心战、空海一体战等理论，大大牵引了美军信息化建设。

知识链接

制海权，是指作战中在一定时间内对一定海域的控制权。现代战争中，制海权依赖于相应的制空权来保障。夺取制海权，通常以海军力量为主，在其他军兵种配合下实施。制海权最早由美国海军战略理论家马汉于1890年提出。制空权，是指作战中在一定时间内对一定空域的控制权。现代战争中，制空权是战场控制权的关键。夺取制空权，通常以空军力量为主，在其他军兵种配合下实施。意大利人杜黑于1921年第一次从战略高度论述了制空权的重要意义。

推进军事理论创新首要的是更新观念。观念是行动的先导。与时代发展相适应，我军需要突破机械化战争的思维定式，确立与信息化战争相适应的思想观念。突破单纯守疆卫土的思维定式，确立与全面履行新世纪新阶段军队历史使命相适应的思想观念。突破单一军种作战的思维定式，确立与诸军兵种一体化联合作战相适应的思想观念。突破高度集中的计划经济体制和封闭半封闭条件下建军治军的思维定式，确立与改革开放和发展社会主义市场经济条件下建军治军相适应的思想观念。突破习惯于按陈旧模式和过时做法办事的思维定式，确立与军队现代领导管理要求相适应的思想观念，努力使思想观念适应世界军事发展的新趋势、适应国防和军队现代化建设的新要求。

紧贴实际推进军事理论创新。认识来源于实践，离开了实践这片沃土，理论创新就成了无源之水、无本之木。当前正在进行的中国特色军事变革，强有力地推动着军队的整体转型和作战方式的根本改变，大量不熟悉的东西呈现在人们面前。近年来，我军围绕建设信息化军队、打赢信息化战争的战略目标，对新的时代条件下打什么样的仗、怎样打仗和建设什么样的军队、怎样建设军队等问题，进行了理论探索与研究，形成了一系列信息化军队建设及作战理论成果。但总的看来，仍与中国特色军事变革的实践需求不相适应。我军前瞻性、战略性、系统性、操作性强的创新成果还很缺乏，基础理论、应用理论和对策咨询研究发展还不够协调。这就要求我们大力推进军事理论创新，切实把军队建设的基础和现状搞清楚，把影响和制约军队建设的重难点问题搞清楚，把军队建设的发展方向和主要任务搞清楚。

突出军事理论创新的重点。目前，我军正处在一个新的历史发展时期，军队建设和军事斗争准备面临的新情况新问题层出不穷，要善于把握主要矛盾，厘清重大现实问题，并探索其特点规律，提出有针对性的对策建议。首先，创新国家安全战略理论。着眼国际战略形势的复杂演变，提出应对危机、维护和平的战略对策。针对国家安全需求的不断拓展，谋划空间安全、信息安全、能源安全等发展思路。围绕打赢信息化条件下局部战争，探索遏制战争、控制战局等战略理论。着眼维护国家领土主权、安全和发展利益，深入研究国家军事能力需求。其次，大兴研究作战问题之风。加强对信息化条件下局部战争基本理论问题和军事斗争准备重大现实问题的研究，不断丰富完善我军作战思想，创新发展人民战争战略战术，构建具有我军特色、符合现代战争规律的先进作战理论体系。重视研究高新技术发展及其对战争的影响，紧贴作战任务、作战对手、作战环境，深化对现代战争制胜机理的认识，更好地牵引军事斗争准备和军队建设。研究信息战、网络战及特种作战理论等，丰富和发展我军作战理论。再次，创新发展信息化条件下国防和军队建设理论。研究信息化军队建设、新型作战力量建设理论，提高我军有效履行使命任务的能力。探索新形势下科技强军战略的实现途径，加快实现战斗力生成模式转变。探索与信息化战争要求相适应的军事组织体制，进一步优化军队结构。

构建我军军事科学体系。构建我军军事科学体系，是繁荣和发展军事科学的理论和实践需求。改革开放以来，国防和军队建设实践迅猛发展，新的军事理论层出不穷，大量军事学新兴学科、边缘学科、交叉学科纷纷涌现，基于机械化战争条件下的我军军事科学体系暴露出体系不完善、学科不健全、内容与时代不合拍等问题，迫切需要进行调整和创新。构建我军军事科学体系，要坚持具有我军特色、体现时代特征、充满发展活力的原则。具有我军特色，就是要立足于中国国情和军情的现实条件，把马克思主义军事理论同中国军事实践相结合，以新形势下的生动军事实践为根本依托，体现新世纪新阶段我军建设发展的特点规律，形成鲜明的中国特色和中国气派。体现时代特征，就是要积极适应当今军事领域新的发展变化，发现和提出前人没有认识到的时代新理论，大胆地扬弃或修正以往的经验、原则和观点，真正达到指导军事实践、引领军事变革的目的。充满发展活力，就是要准确把握军事科学的发展趋势，坚持把历史、现实和未来结合在一起进行研究和探讨，并汲取世界各国军队建设发展的先进理论和有益经验，努力借鉴社会科学、自然科学等其他科学体系的最新成果。

第三节　提高国防科技自主创新能力

自主创新能力是国家竞争力的核心。坚持自主创新，是实现我国科技事业跨越式发展的必由之路，是实现我军武器装备现代化的必由之路。当前，需要大力提高武器装备和国防科技发展的自主创新能力，把我军武器装备发展的命脉牢牢掌握在自己手中。

坚持自主创新是奠定新中国国防实力基础的重要支点。新中国成立以来，始终把立足点放在自力更生、自主创新上，确保了国防科技发展的基础。早在我军进行机械化建设起步时，毛泽东就清醒地指出，不宜长期依赖苏联帮助，必须从建设国防工业、培养自己的技术人才上入手。1960 年，针对苏联中断对我国技术援助，毛泽东指出："要下决心，搞尖端技术。"经过中国人民的自主努力，最终攻克了重重技术难关，取得了"两弹一星"研制成功这样的辉煌成就。20 世纪 90 年代以来，我国启动了载人航天及探月计划，实现了载人航天飞行以及探测器登月，在空天技术领域取得了巨大成就。与世界军事强国相比，我国国防科技自主创新能力仍显不足，拥有自主知识产权的核心科技成果还未形成规模，部分关键技术仍受制于人。为此，需要按照建设创新型国家的要求，把提高国防科技和武器装备的自主创新能力，作为国防和军队现代化建设的战略基点。

国防领域的核心技术和关键技术必须依靠自主创新。实践一再表明，真正的核心技术是花钱买不来的，靠进口武器装备是靠不住的，走引进仿制的路子是走不远的。在关系国家安全的关键领域，真正的核心技术和关键技术必须依靠自主创新。20 世纪 90 年代，

▲ 空警-2000 型预警机 （解放军画报社提供 贲道春／摄）

我国曾与以色列签订预警机研发合同，后在美国压力下以色列被迫放弃合作。我们调集最优质的资源集智攻关，突破了 100 余项关键技术，最终自力更生地成功研制出空警–200 型、空警–2000 型预警机。当今世界，军事高新技术的竞争尤为激烈，对自主创新提出了更高的要求。西方军事强国不惜斥巨资，集中科技优势，大力研究、生产信息技术含量高的武器装备，竞相增强军事技术自主创新能力。我们要在激烈的国际军事竞争中掌握主动，就必须大力推进科技进步和创新，大幅提高国防科技自主创新能力。

提高国防科技自主创新能力必须把握科学的原则。一是搞好超前谋划。国际军事技术竞争历来就是时间和速度的赛跑，谁见事早、动作快，谁就能掌控制高点和主动权。推进国防科技自主创新，必须超前谋划，下好先手棋，打好主动仗。如果只是跟在别人后面追赶，不能搞出别人没有的一招鲜，最终还是要受制于人。二是选准主攻方向。新一轮科技革命和产业变革正在孕育兴起，世界新军事革命加速发展。要审时度势、抢占机遇、夺占先机，牵住牛鼻子，把国防科技和武器装备建设的薄弱环节作为推进自主创新的主攻方向，选准突破口，加强预先研究和探索，努力在前瞻性、战略性领域占有一席之地。三是打牢基础研究。基础研究是整个科学体系的源头，是所有技术问题的总机关，是武器装备发展的原动力。基础研究和应用开发关联度日益增强，基础研究显得更为重要。继续抓好这项打基础、利长远的工作，为国防科技和武器装备持续发展增强后劲。四是服务部队实践。国防科技创新目的在于应用，必须为部队建设和军事斗争准备服务，提高对战斗力的贡献率。搞好研究论证，加大先进成熟的自主创新成果推广应用力度，推动军队现代化建设尽早转入创新驱动发展轨道。紧贴实战、服务部队，使科技创新同部队建设发展接好轨、对好焦。五是加强团队建设。随着科学技术不断发展，多学科专业交叉群集、多领域技术融合集成的特征日益凸显，靠单打独斗很难有大的作为，必须紧紧依靠团队力量集智攻关。加强自主创新团队建设，搞好科研力量和资源整合，健全同政府、企业、高校、科研院所的协同创新机制，最大限度发挥各方面优势，形成推进科技创新整体合力。

积极推进国防科技工业体制机制的调整改革。进入新世纪以来，我国国防科技工业暴露出体制机制相对落后、与迅速变化的社会经济环境不相适应等问题。社会主义市场经济深入发展、联合作战指挥体制改革以及满足部队武器装备保障需求，都要求进一步推进武器装备和国防科技工业的体制创新和管理创新，加快资源和要素的优化配置和有效集中。我国正加速推进军工企业体制机制转变，提出建立政府调控有效、社会资本参与、中介服务规范、监督管理有力、军民良性互动的新型投资体制。撤销了国防科学技术工业委员会，组建国防科技工业局，初步建立起小核心、大协作、寓军于民的国防科技工业新体系。下一步，武器装备和国防科技工业体制机制调整改革的方向，是建立起符合高新技术武器装备发展规律，适应社会主义市场经济要求，既有集中统一领导又能充分发挥各方面积极性的武器装备发展体制机制。为此，需要在政策法规、军工管理体制、投资体制等方面进行必要的调整改革。研究制定采购组织管理体制、军代表制度、装备价格管理和竞争性采购等改革措施，以装备采购体制改革为突破口，进一步加大竞争性采购、集中采购和一体化采购推行力度，加快建立完善国防科技和武器装备发展的竞争、评价、监督、激励机制。

第四节　推进军队组织形态现代化

推进军队组织形态现代化，是军事改革的重中之重。要着力推进军事组织体制创新，形成一整套既继承我军优良传统又体现时代特征，既有中国特色又符合现代军队建设规律的科学的组织模式、制度安排和运作方式。

✧ 一、组织体制是国防和军队改革的重点难点

体制编制是实现人与武器结合的军事组织形式，加速调整军队组织体制是信息化军队发展的客观要求。"整体大于部分之和"，是古希腊哲学家亚里士多德的一句名言。它揭示了一个基本规律，

即科学的组织形态、优化的排列组合，可以使系统功能大于各要素功能的简单相加。军队建设同样蕴含着结构质变的道理。法国大革命时期，以骑术高超和刀法精湛闻名于世的马木留克兵，总是败在拿破仑率领的法国骑兵手下，就是因为法军有着优于马木留克兵的组织形态。现代高新技术特别是信息技术在军事领域的广泛应用，对军队组织结构带来了深刻影响。世界军事强国加速调整军队组织体制，把减少数量、优化结构、强化功能、提高效益作为改革和转型的重点，部队一体化、模块化、小型化趋势更加明显。

◆ 知识链接

　　俄军通过"新面貌"改革，把军官数量由 35.5 万人裁减到 22 万人，总部机关编制员额由 21800 余人减至 8500 人；实现了从大战动员型向常备机动型的转型，将原有四级指挥链压缩为"联合战略司令部—战役司令部—旅"三级指挥链，原有 6 个军区整合为 4 个军区，陆军实行"军—旅"制。

　　我军的组织体制是建立在机械化半机械化基础上的，组织功能与信息化条件下军队建设和作战要求不相适应的问题比较突出。随着战争形态加速转变和我国改革开放不断深化，一些体制机制上的深层次矛盾和问题日益凸显，我军组织体制存在的领导管理体制不够科学、联合作战指挥体制不够健全、力量结构不够合理、政策制度改革相对滞后等问题，大大制约了军队建设发展和战斗力提高。而我军的组织体制是长期形成的，牵一发而动全身，改起来难度很大，可以说是深化国防和军队改革的重点和难点。

✧ 二、推进领导管理体制和联合作战指挥体制改革

领导管理体制决定军队组织功能，联合作战指挥体制决定军队作战效能，这二者在军队组织体制中处于主导地位，是军队管理和作战的中枢神经。推进组织体制改革，需要把领导指挥体制作为重点，重中之重是联合作战指挥体制。

当前，军队维护国家主权、安全和发展利益的任务大大加重，对战略指挥和处理重大安全危机事件的快速反应能力提出了更高要求。但我军领导管理体制存在着一些明显不足，与战争形态的新变化和国家安全的新特点不相适应。推进领导管理体制改革，要按照调整职能、理顺关系、优化结构、提高效能的思路，优化军委总部领导机关职能配置和机构设置，完善各军兵种领导管理体制，完善新型作战力量领导体制，加强信息化建设集中统管。同时，着眼履行维护国家安全和社会稳定、保障人民安居乐业的使命任务，优化武装警察部队力量结构和指挥管理体制。

现代战争是信息主导、体系对抗、联合制胜，建立联合作战指挥体制是信息化战争的必然要求。我军从 20 世纪 80 年代初开始对合同作战指挥体制进行调整，现已建立起应急作战三级联合作战指挥体制，但真正意义上的全军联合作战指挥体制还没有完全形成，联不起来的问题没有从根本上解决。从实践情况看，进

一步健全联合作战指挥体制，对于拓展深化军事斗争准备，提高我军一体化联合作战能力至关重要。要遵循信息化条件下联合作战内在规律，从我军实际出发，按照权威、精干、灵便、高效的要求，健全军委联合作战指挥机构和战区联合作战指挥体制，相应推进联合作战训练和保障体制改革。联合作战指挥体制改革，上位是领导管理体制改革，下位是制度机制完善。要通过联合作战指挥体制改革，带动领导管理体制改革，优化军委总部机关职能配置和机构设置，调整军区和军兵种体制，创新管理体制机制，强化军委战略管理功能。

✧ 三、优化军队规模结构和力量编成

军队规模结构和力量编成，是由国家安全需求和军队使命任务决定的，是人与武器装备有机结合、生成和提高部队战斗力的关键要素。目前我军总的数量规模还有些偏大，军兵种比例、官兵比例、部队和机关比例、部队和院校比例不够合理，非战斗机构和人员偏多、作战部队不充实，老旧装备数量多、新型作战力量少等问题仍然比较突出。积极推进我军信息化主导的机械化信息化复合发展，进一步实现由数量规模型向质量效能型、人力密集型向科技密集型转变，提高基于信息系统的体系作战能力，必须对现有规模结构和力量编成进行调整优化，把军队搞得更加精干、编成更加科学。

着眼有效应对国家安全面临的威胁和挑战，优化军队规模结构，调整改善军兵种比例、官兵比例、部队与机关比例，减少非战斗机构和人员。依据不同方向安全需求和作战任务改革部队编成，

重点加强海军、空军、第二炮兵部队建设，促进各军兵种力量协调发展。陆军重点加强综合集成建设，增加陆航和特种作战力量，压缩传统兵种规模数量，增强全域机动作战能力。海军重点发展近海综合作战力量和远海防卫力量，提升两栖作战能力。空军重点发展新型作战飞机、防空反导武器，扩大多用途飞机规模，减少老旧和单一功能机种数量。第二炮兵重点完善核常兼备的战略力量体系，提高陆基战略反击能力和常规导弹精确打击能力。优化作战要素结构，进一步增大信息作战和信息支援保障力量规模，逐步探索指挥控制、侦察预警、测绘导航、气象水文、后勤装备保障等要素的合理编成，形成科学的作战力量体系。深化军队院校改革，健全军队

◆▶ 知识链接 ▷

　　2010年美军成立隶属战略司令部的网络空间作战司令部，网络战力量由威慑运用向实战运用、由防御向进攻快速拓展。美军导弹防御力量起步早，以陆基中段拦截系统为主体的本土防御系统已完成初期部署，以海基"标准-3"和陆基"爱国者-3"拦截系统为主体的地区防御系统实战能力快速增强。美军无人作战力量发展更为迅猛，地面无人作战系统已达1.5万余台，列装无人机数量超过9000架。美军积极发展空天作战能力，接近实现"空天一体作战"和"1小时全球快速打击"。俄军重点发展网络、空天、特种作战等新型力量，2011年组建空天防御兵，网络战力量已达7000人。

院校教育、部队训练实践、军事职业教育三位一体的新型军事人才培养体系。

突出新型作战力量建设这个战略重点，着力增强新质作战能力，减少老旧落后装备，为加快发展新型作战力量腾笼换鸟。加快新型探测手段的发展，提高侦察预警能力。提升军事航天能力，整合航天资源，建设航天人才队伍。发展信息攻防能力，构建多元一体的力量体系。加强战略投送能力建设，发展大型军用运输机、直升机等。加强大型水面舰艇、新型潜艇、舰载飞机等力量建设，提高维护海上安全能力。依据不同方向安全需求和作战任务改革部队编成，推动部队编组向充实、合成、多能、灵活方向发展。

◇　四、深化军队政策制度改革

军队政策制度改革是军队改革的重要部分。我军现行的政策制度，有些是在计划经济条件下形成的，滞后于时代条件的发展以及军队当前面临的实际。要适应社会利益关系的调整和国家政策制度的创新，适应军队技术构成的深刻变化和知识密集程度的提高，适应军队管理日趋复杂的需要，积极推进军队政策制度调整改革。

健全完善与军队职能任务需求和国家政策制度创新相适应的军事人力资源政策制度。军事人力资源政策制度，关系广大官兵切身利益，是军队政策制度改革的重头戏。在这方面，我军采取了很多举措，但由于多方面原因，干部考评、选拔、任用、培训制度还不够健全，征兵难、军人退役安置难、伤病残人员移交地方难等问题依然存在。必须适应军队职能任务需求和国家政策制度创新，加大政策制度改革力度，构建三位一体的新型军事人才培养体系，盘活军事人力资源，吸引和集聚更多优秀人才。以建立军官职业化制度为牵引，逐步形成科学规范的军队干部制度体系，健全完善文职人员制度，完善兵役制度、士官制度、退役军人安置制度等改革配套政策。

健全军费及资源管理制度，重点是预算管理和审计制度改革。要健全军费管理制度，建立需求牵引规划、规划主导资源配置机制，把军费投向投量搞得更加科学。深化预算管理、集中收付、物资采购和军人医疗、保险、住房保障等制度改革，健全完善经费物资管理标准制度体系，做到需求充分论证、保障科学合理、用钱精打细算、花好每个铜板。

健全军事法规制度体系，探索改进部队科学管理的方式方法。适应当今社会环境和军队组织形态、武器装备、官兵成分的发展变化，需要树立现代管理理念，健全军事法规制度体系。通过提高军事管理科学化、法治化、标准化、精细化水平，促进形成思想自觉和行为自觉，为加快推进中国特色军事变革提供有力的法治保障。

▌ 本章小结 ▌⋯⋯⋯⋯⋯⋯

推进中国特色军事变革是时代的呼唤、使命的呼唤。必须适应战争形态和作战样式演变，适应军队使命任务拓展，从机械化战争思维定式中走出来，以改革创新精神主动研究思考问题，积极筹划国防和军队改革之道，抢抓改革时间窗口。关键是要把影响和制约国防和军队建设的重难点问题搞清楚，把体制编制和政策制度调整改革摆在重要位置，以啃硬骨头的精神稳扎稳打、重点突破，稳步推进国防和军队改革的进程。

思 考 题

1. 当前中国特色军事变革的重点难点是什么?

2. 如何认识军事理论创新的重要意义?

3. 谈谈怎样增强国防科技自主创新能力?

第 九 章

推进军民融合深度发展

军民融合，是一条投入较少、效益较高，经济社会发展与国防建设在战略、进程和体系上相兼容的现代化建设路子。着眼国家安全和发展战略全局，坚持富国和强军相统一，切实统筹经济建设和国防建设，努力做好军民融合深度发展这篇大文章，对于推动国防实力和经济实力同步发展具有重要作用。

第一节　军民融合深度发展的历史必然

军民融合深度发展，就是要在国家层面加强统筹协调，以国家核心安全需求为导向，在更广范围、更高层次、更深程度上把国防和军队建设融入国家经济社会发展体系之中，实现两个进程相一致、两个战略相配套、两个体系相兼容，形成经济实力和军事实力相互促进、协调发展、同步提高的局面。其核心思想是融合发展，战略目标是富国强军，基本方法是统筹兼顾。

军民融合深度发展是党的军民结合战略思想的最新成果。中国特色军民融合式发展路子，深刻总结了我们党长期坚持的军民结合、寓军于民经验，把军民结合由主要集中在国防科技工业领域拓展到经济、科技、教育、人才等各个领域，由行业、部门间协调提升到国家战略层次，是对国防建设模式的新探索，是党的军民结合理论发展的新阶段。20世纪50年代初，针对苏联国防工业只负责军品生产的问题，毛泽东提出了我国国防工业"军民两用"的思想，强调"要学习两套本事，在军事工业练习民用产品的本事，在民用工业中练习军事产品本事"，为形成中国特色军民融合式发展之路作出了有益探索。80年代初，邓小平明确提出国防建设要实行转变，国防工业要坚持"军民结合、平战结合、军品优先、以民养军"的十六字方针。军民结合作为十六字方针的核心，成为新时期我国国防工业体制改革发展的基本思路和总体要求。90年代，江泽民着眼社会主义市场经济条件下国防科技工业发展的实际，提出军民结合、寓军于民思想，确立了国防建设与经济建设协调发展的方针。新世纪新阶段，胡锦涛着眼解决国防建设的深层次矛盾，创造性地提出了军民融合式发展思想，强调把国防和军队现代化建设深深融入经济社会发展体系之中，积极探索新形势下军民结合、寓军于民的新途径新方法，全面推进经济、科技、教育、人才等各个领域的军民融合，为实现国防和军队现代化提供丰厚的资源和持续发展的后劲。党的十八大以来，习近平强调必须同心协力做好军民融合深度发展这篇大文章，既要发挥国家主导作用，又要发挥市场在资源配置中的基础性作用，努力形成全要素、多领域、高效益的军民融合深度发展格局。军队要遵循国防经济规律和信息化条件下战斗力建设规律，自觉将国防和军队建设融入经济社会发展体系。地方要注重在经济建设中贯彻国防需求，自觉把经济布局调整同国防布局完善有机结合起来。这些重要论述，充分体现了我们党对军民结合战略思想认识的一脉相承和与时俱进。

军民融合深度发展是提高国防建设和经济建设效益的国家战略。走军民融合深度发展路子，是发挥国防资源与经济社会资源整体优势，实现军事、经济与社会整体效益最大化，走出一条投入较少、效益较高的国防和军队现代化建设之路的基本途径。人力、财力、物力等资源是进行国防建设和经济建设必不可少的物质基础，怎样配置资源以满足国防建设和经济建设的需求，历来是关系国家安全与发展全局的重大问题。随着经济社会发展以及国防建设对资源需求的日趋增长，我国面临资源短缺的压力越来越大，如何将资源科学合理配置于安全与发展两大领域，如何使分别投入于国防和社会经济中的资源产生效益上的合力，使国家总体战略目标效益最大化，已成为事关富国和强军的重大战略问题。坚持军民融合深度发展，将投入于经济建设的资源与国防建设的资源统筹起来考虑，既有利于国防建设从经济建设中获得更加深厚的物质支撑，也有利于经济建设从国防建设中获得更加有力的安全保障。坚持军民融合深度发展，充分发挥市场配置资源的基础性作用和政府宏观调控资源的制度优势，可以使配置于经济、科技、教育等领域的资源发挥最大效益，实现经济建设和国防建设的协调发展。

军民融合深度发展是世界主要国家的政策取向。从世界范围看，随着当代科技革命、产业革命和新军事革命的发展，军用资源和民用资源的相通性、相关性、替代性越来越明显，建立军民融合深度发展体系，已成为世界主要国家维护国家安全和发展的必由之路。以美国为代表的军民一体化模式，主要通过军方、军工企业的调整改革，以及军政部门间和企业间的合作，开启军用、民用技术和资源双向转移，促进国防与经济的协调发展。以日本为代表的以民掩军模式，主要是通过高度集中的管理体制与政府、自卫队、民营企业相结合的决策运行机制，发展两用技术，扩大民品生产，对可生产军品的民营企业实行优惠扶持等做法，把国防发展寓于经济发展之中。以以色列为代表的以军带民模式，主要是把军事工业作为本国工业与经济发展的先导，扩大军工技术成果的利用，并将部分军工企业转为民间经营，同时鼓励其他企业利用国防投资来开发生产民品。其他主要国家也根据国家安全需求的变化，把国防转型与高新技术发展、经济结构调整更加紧密地结合起来，加快推进军民融合发展步伐。我们应借鉴世界主要国家的做法，走出一条具有中国特色的军民融合式发展之路。

第二节　加强战略规划体制机制
和法规建设

　　加强军民融合式发展战略规划、体制机制建设、法规建设，是推动军民融合深度发展的重要着力点，是解决影响军民融合深度发展主要矛盾和问题的关键所在。

◇　一、科学制定军民融合深度发展的规划计划

　　规划计划是推进军民融合深度发展的战略筹划。新中国成立以来特别是改革开放以来，我国充分发挥社会主义集中力量办大事的政治优势，兴国家之力、集军民之智，取得了以"两弹一星"、载

人航天等为代表的一大批重大成果。在新的历史时期，进一步推动军民融合深度发展，更需要坚持国家主导，着力加强战略规划。只有加强规划计划，才能从国家层面对军民融合式发展的总体布局与长远发展进行系统筹划，才能从国家安全和发展战略全局的高度进行周密部署。

加强军民融合式发展的规划计划，着力发挥国家主导军民深度融合的制度优势，必须在国家层面加强统筹协调，强化顶层设计。较长时期以来，我国国防建设与经济社会发展相对分离、自成体系。如在交通设施、信息网络、港口码头等基础设施建设中，考虑国防需求还不够。究其原因，一个重要方面在于缺乏对国家经济社会发展与国防建设进行整体规划。2011 年，国家经济社会发展"十二五"规划以及一些省市、部委的"十二五"规划，开始将军民融合作为一项重要内容。2012 年 7 月，国务院、中央军委出台的《统筹经济建设和国防建设"十二五"规划》是一个开创性的重大战略举措，是新形势下军民融合深度发展的基本遵循。推进军民融合深度发展，必须认真贯彻国家统筹经济建设和国防建设的规划，进一步完善上下衔接、配套完善、操作性强的规划计划体系。军地有关部门应加强协调配合，加快落实国家规划的各项任务。国家宏观管理部门与军队战略规划部门要搞好规划目标分解、项目对接，加强经济社会发展政策的统筹协调，搞好宏观调控和资源统筹。业务主管部门须按照规划明确的发展方面、主要目标和重点任务，明确规划实施职责、工作责任和完成时限，统筹落实重大工程建设方案等。

◆◆〉 **知识链接** 〉‥‥

　　《统筹经济建设和国防建设"十二五"规划》（以下简称《规划》），是我国第一部统筹经济建设和国防建设的国家重大专项规划。《规划》明确了今后一个时期统筹经济建设和国防建设的指导思想、目标任务、重点领域和保障措施，确定了一批对国家安全和发展具有全局意义和深远影响、对经济建设和国防建设有明显带动效应、对破解军民融合发展瓶颈制约有重大突破作用的工程项目。《规划》的颁布，标志着我国军民融合规划建设已经实现了从总体规划到专项规划的突破。

✧　二、建立健全军民融合深度发展的体制机制

　　体制机制建设是军民融合的基础工程，也是推进军民融合向深层次发展的关键环节和组织制度保障。实现军民融合深度发展，必须在国家层面建立健全统一领导、军地协调、需求对接、资源共享机制。

　　首先，建立统一领导机制。军民融合涉及范围广、牵扯部门多、协调难度大，需要在国家层面建立权威的军民融合领导管理机构，解决军政两大系统衔接不紧密、工作不协调的问题。其次，建立军地协调机制。在国务院和军队有关部门之间建立信息通报、工作会商和任务协调等制度，保证统筹建设顺利开展、高效运行。再次，建立军地需求对接机制。军地统筹建设主管部门按照研究提

出、分析论证、归口上报、综合平衡、审核确定、落实反馈的程序，综合考虑军地各有关方面的利益关系，加强协调配合，把规划落到实处。对军队来说，应适时提出军民融合深度发展的军事需求，充分发挥军事需求的牵引作用，更加主动地将国防和军队建设融入经济社会发展体系。对地方各级党委、政府而言，应坚持军民一盘棋思想，更加注重在经济建设中贯彻军事需求，把经济布局调整与国防布局完善结合起来。最后，建立资源共享机制。整合利用国家和军队资源，形成军建民用、民建军用、共建共用的共享机制，实现资源利用效益最大化。以载人航天、探月工程、北斗卫星导航系统、"天河二号"超级计算机系统等为代表的国家重大科技创新，就是最大限度地实现军地资源共享共用的成功范例。

❖ 三、加快推进军民融合深度发展的法规建设

社会主义市场经济条件下实现军民融合深度发展，必须要有完善的法规制度作保障。国家先后颁布了《中华人民共和国国防动员法》等一系列法律法规，为促进军民融合式发展提供了政策制度保障。但在实践中，依靠行政命令、依赖个人感情、依据以往经验来推进军民融合式发展的现象还大量存在。为此，必须进一步建立和完善军民融合深度发展的相关法律法规体系，健全政府投入、税收激励、金融支持等政策制度，确保军民融合深度发展有力有序有效推进。

建立健全军民融合深度发展的法律法规体系。军民融合深度发展的法律法规，是依法调整各种利益关系，明确有关各方的责权利的基本依据。依据宪法和国防法，完善有利于军民融合的法律

体系。尽快出台加快推进军民融合深度发展的系列法律法规和制度标准，规范军民融合的主要工作和程序方法。加快推进《军民融合促进法》《国民经济动员法》《国防交通法》等立法进程，使军民融合深度发展有法可依、有法必依。在武器装备科研领域，加快制定《国防科研生产法》《武器装备采购供应法》等，规范军地双方在国防科研生产、装备采购和供应方面的行为，解决好武器装备科研生产体系建设中法律支撑问题。同时，加快制定《军民通用标准管理办法》《民营企业国防建设条例》《军品市场准入与退出管理办法》等。

修订完善制约军民融合深度发展的有关法律法规。对已出台的法律法规中关于军民融合深度发展的规定，应根据经济建设和国防建设实践的新变化加以细化和修改，使之更具有操作性。例如，修订《中华人民共和国私营企业暂行条例》《中华人民共和国合伙企业法》等不利于民营企业进入武器装备生产领域的条款，为民营企业进入军品科研生产领域提供法律保障。对缺失军民融合深度发展内容的相关法律法规，应研究作出补充规定。如在《中华人民共和国合同法》列名的 15 种合同中，尚未设军品合同内容，对军品如何设立合同，甚至连原则性规定都没有。同时，要加快政策配套建设，从市场准入、财政税收、审批验收等方面健全制度，充分发挥价格机制、竞争机制和供求机制等作用，推动军民深度融合健康、有序发展。

第三节　形成军民深度融合的发展格局

改革开放 30 多年来，我们在军民融合式发展的路子上已经迈出坚实步伐，军民融合式发展取得重大成就。重大基础设施建设贯彻国防需求成效明显，武器装备科研生产军民融合式发展跨部门协作机制已经建立，依托国民教育培养军队人才工作稳步推进，军队社会化保障初步融入国家社会保障体系。但必须看到，我国军民融合式发展仍处于初级阶段，军民分割、自成体系的问题依然十分突出。要真正走军民融合深度发展路子，必须立足中国实际，突出中国特色，在更广范围、更高层次、更深程度上推进军民融合。

建立健全军民融合的武器装备科研生产体系、军队人才培养体系、军队保障体系，是当前推进军民融合深度发展的基本抓手。

第一，建立和完善军民结合、寓军于民的武器装备科研生产体系。武器装备科研生产体系关系国家安全，是国家综合国力的重要标志。要建立健全国防科技工业体系，完善国防科技协调

知识链接

为引导和鼓励社会资本进入国防科技工业建设领域，国防科工局出台《国防科技工业社会投资项目核准和备案管理暂行办法》《涉军企事业单位重组上市军工事项审查暂行办法》等一系列管理办法。国防科工局、总装备部联合印发了《鼓励和引导民间资本进入国防科技工业领域的实施意见》，在许可进入、任务竞争、税收优惠等方面赋予民间投资主体与国有军工企业平等的待遇，进一步扩大了民间资本进入国防科技工业的领域和范围。2013年有150家民营企业获得武器装备科研生产许可证。到2014年4月这一数字已经达到749家，超过获得军工许可证企业总数的1/4。

▲ 军民共同研建武器装备　　　　　　　　（解放军画报社提供　杨运芳 / 摄）

创新体制，充分发挥市场在资源配置中的基础性作用和政府宏观调控作用，改革国防科研生产管理和武器装备采购体制机制，尽快解决民参军、军转民的机制构建和障碍破除问题。要加强对国防科技和武器装备科研生产发展战略和规划的总体设计，加强军民结合的统筹和协调，形成战略产业核心能力和科研生产核心能力，走投入较少、效益较高的路子，最大限度提高国防经济效益。要推动国防科技和民用科技互动发展，统筹部署基础性、战略性、前瞻性重大科技项目研究，健全军民科技成果共享机制，推动军用民用高技术双向转移，实现军用民用科技水平共同提高。统一军民产品和技术标准，制定有利于军民融合深度发展的产业政策，提高军民产品通用化、标准化、系列化水平。引导优势民营企业进入军品科研生产和维修领域，促进军民融合深度发展。

第二，建立和完善军民结合、寓军于民的军队人才培养体系。人才是国防和军队现代化建设最重要的资源。要坚持人才强军、科技强军，着眼于实现强军目标对人才素质的要求，把大规模培养人才、大幅度提高人才素质作为军队人才建设的战略抓手，健全培养体系，拓宽培养渠道，完善培养机制，努力培养造就大批高素质新型军事人才。改革和完善依托国民教育培养军事人才的政策制度，按照《2020年前军队人才发展规划纲要》部署，加大依托国民教育培养军队人才力度，走出一条集约高效、开放融合的军队人才队伍发展路子。有效利用国民教育优质资源，更加注重提高国防生综合素质，研究解决地方大学生入伍后发展及退役后安置问题。军队要重点抓好大学生当兵培养、岗前培训、使用帮带，各级政府应当在大学生士兵退役后参加公务员考核选拔和创业发展等方面，提供优惠政策和配套措施。依托国家和军队重大科研项目培养军队高层次人才和创新团队。优化军队教育资源配置，统筹各类军队人才培养，提高军队整体办学效益和人才培养质量。大力营造人才脱颖而出、发挥才干的良好环境，充分发挥各类人才献身国防和军队现代化建设的积极性主动性创造性。

◆ 知识链接

截至2013年，与军队签约的普通高等院校已达118所。其中，60%为国家"985工程""211工程"重点高校，40%为省属重点或特色专业院校。每年招收近万名国防生，接近军队生长干部年度招生总量的1/3，大多为部队紧缺急需人才。

第三，建立和完善军民结合、寓军于民的军队保障体系。适应军队现代化建设和国家经济社会发展的新形势，全面建设军队现代后勤，深化各项后勤改革，积极稳妥地把保障体制向一体化推进、保障方式向社会化拓展、保障手段向信息化迈进、后勤管理向科学化转变。积极推进军队生活保障、通用物资储备、基础设施建设、军事科研、装备生产和维修等保障社会化，建立健全三军一体、军民一体、平战结合的军队保障体系。拓展军队社会化保障范围，从后勤领域逐渐延伸到其他领域，从注重生活保障、常态保障延伸到应战应急一体化保障，为军队现代化建设和遂行多样化军事任务提供有力保障。依托社会力量搞好装备维修保障，扩大社会力量参与军队装备维修保障的范围，逐步形成部队维修力量、装备承研承制单位和地方相关企业相结合的装备维修保障格局。依托市场资源推进生活保障社会化，逐步把军人社会保障、医疗、退役安置等纳入国家基本公共服务体系，积极为地方企事业单位参与军队生活服务、工程建设、军事物流、装备维修等创造条件。

推进军民融合深度发展，需要处理好重点突破与整体推进的关系，既要区分好主次先后、轻重缓急，又要照顾全面，适时拓宽领域，以重点突破带动整体跃升，最终实现国防建设与经济建设协调发展。在总结武器装备科研生产、军队人才培养和军队社会化保障等领域融合发展经验的同时，根据情况的发展变化，积极推进重大基础设施、海洋、空天、信息等关键领域的军民融合，努力形成全方位、全要素、深层次、多领域军民融合发展格局。在重大基础设施方面，国家应重点在与国防和军队建设密切相关的立体交通运输网络、战略物资储备、市政工程等领域，充分满足相关军事需求，在基础设施布局、设计等级、技术标准和配套建设等方面，努力完善战场设施条件，增强国家基础设施对提升核心军事能力的支撑和保障功能。在海洋、空天、信息等关键领域，必须突出重点，依托国家资源推进国防和军队现代化建设，采取共享资源、合作建设等方式，进一步抓好军队通信骨干传输网建设、全球地理空间信息基础设施建设和国家空间对地观测系统信息共享工程等，最大限度地推进军民融合深度发展。

第四节　提高国防动员和后备力量建设质量

走军民融合深度发展路子，实现富国和强军的统一，必须适应新形势的变化和新任务的需求，大力推进国防动员和后备力量质量建设。

✧　一、加强国防动员质量建设

国防动员，是国家或政治集团为应对战争或其他军事危机，使社会诸领域全部或部分由平时状态转入战时状态所进行的活动。国防动员对于维护国家主权和安全、统筹经济建设与国防建设、有效增强国防实力具有重大作用。加强国防动员质量建设，主要做好以下几点：

第一，坚持政府主导。国防动员建设是国家行为。各级党委、政府要加强与军事机关之间的协调和对接，定期分析研究工作，科学统筹国防动员各项建设，合理确定国防动员建设发展目标，努力构建党委统揽、政府主抓、社会参与、军地协同的国防动员建设局面。按照"军队提需求，国动委搞协调，政府抓落实"的要求，进一步完善国防动员机制，健全和规范工作职责，理顺工作关系，真正将国防动员准备的任务和要求融入政府职能部门、企业事业单位、社会团体的各项工作和活动之中。要把国防动员列入各级政府的重要议事日程，做到工作有安排、建设有项目、经费预算有保障。

第二，建立健全国防动员体系。《中华人民共和国国防动员法》规定："国家加强国防动员建设，建立健全与国家安全需要相适应、与经济社会发展相协调、与突发事件应急机制相衔接的国防动员体系，增强国防动员能力。"国防动员体系是由国防动员组织领导体制、政策理论、物质保障和法律制度等共同构成的一个整体，是国防动员建设的核心任务。健全国防动员体制机制，完善平时征用和战时动员法规制度，是当前建立健全国防动员体系的重点。

第三，坚持应战应急一体化建设。加强应战应急一体化建设，是提高国防动员建设质量的一项重要任务。首先，健全指挥机制。着眼战时应战和平时应急需要，积极探索国防动员体制与政府应急管理体制的有效衔接，构建起军地联合应急指挥体系。要进一步明确军地双方的职能定位和指挥职责，规范组织程序、方法步骤和协调关系，形成军地合成、要素对应、相互协同、运转高效的联合指挥机制。其次，配套动员方案。着眼我国面临的现实安全威胁和国防动员的使命任务，在完善应战方案的基础上，研究制定应对重大自然灾害、处置事故灾难、反恐维稳等非战争行动动员预案，做到人员定岗、装备定位、行动定案、上下衔接、系统配套，形成完善的动员预案计划体系。再次，完善指挥手段。加快国防动员信息化、智能化指挥手段建设进程，建立和完善国防动员网络指挥中心，配套软硬件设施。依托政府政务网、职能系统专网和军队自动化网，集成各方信息资源，联通省市县三级国防动员信息系统，建立军地信息互通、纵横互联的国防动员网络指挥平台。最后，提高资源应战应急共享范围和程度。加强部门协调与互联互通，形成常态化的工作机制，实现动员资源的动态管理以及可视化管理，努力提高人力资源、信息资源、物资资源需求与供给实时对接和精确匹配的水平，建成统分结合、平战结合、精干高效的应战应急动员资源管理制度。

◆◆〉**知识链接**〉

依据《中华人民共和国国防动员法》第 16 条"国防动员实施预案与突发事件应急处置预案应当在指挥、力量使用、信息和保障等方面相互衔接"的规定，一些地方政府的国防动员部门，应着眼拓展国防动员的应急功能，从完善国防动员计划预案入手，制订具体的力量编组、协同动作、综合保障等各类行动计划，形成与部队作战预案配套、与政府应急预案衔接的计划预案体系。

✧ **二、深化后备力量质量建设**

深化后备力量质量建设，是打赢信息化条件下人民战争的客观需要，是推动国防和军队建设科学发展的必然要求，是促进国家经济社会发展的有效途径。后备力量质量建设，要以军事斗争准备为牵引，以加快建设转型为目标，以军民融合深度发展为途径，深化民兵预备役体制改革，强化能力建设。

加快民兵预备役部队改革步伐。遵循压缩规模、优化结构、完善机制的思路，全面落实组训规模压减任务，抓紧完成县以上民兵组织结构和力量布局调整优化，按照应急、支援、储备队伍进行分类建设，真正走开属地编组、优选编组、行业编组相结合的路子，健全完善经费保障、民兵权益保障、人员动态管理等政策机制，构建新型民兵力量体系。积极稳妥推进预备役部队改革，完善地域编组形式，探索依托高新技术行业成系统成建制对口编组，以及人员与装备相结合、联片编组和跨地域抽组等多种编组形式。

加强民兵预备役部队应急能力建设。建强应急力量，调整组建一专多能、一队多用的综合性应急队伍；加强应急训练，强化反恐

▲ 预备役部队进行实战化战术训练　　（解放军画报社提供　王怀夺／摄）

维稳、抢险救灾等针对性训练；搞好应急保障，将应急专用装备纳入地方应急管理体系统筹保障，依托社会资源搞好军民通用应急装备器材储备；完善应急机制，建立健全民兵预备役部队参加应急行动指挥机制。

从实战需要出发推进后备力量军事训练。严格落实年度训练任务，不断深化训练改革，切实改进训练作风，坚持用战斗力标准组织民兵预备役部队训练，重点加强预备役部队首长机关指挥训练、教练员和专业技术骨干训练、担负支援保障军兵种作战任务民兵分队训练、与现役部队联训联演，加大点验、考核、比武力度。基干民兵在 18 岁至 24 岁期间，参加 30 天至 40 天的军事训练。预备役官兵每年进行 240 小时的军事训练（含 16 小时政治教育时间）。

加强和改进新形势下征兵工作。建立完善征兵工作领导机制，研究论证在国家层面完善征兵领导机制问题，发挥地方政府主导作用，推进各地把征兵纳入依法行政范围，纳入"双拥"模范城（县）评比内容，纳入领导干部政绩考评体系，抓好业已出台的政策规定落实。抓紧完善相关政策规定，研究制定由中央财政出基数、地方政府拿补差均衡兵役负担的措施办法，建立优待金自然增长机制，制定大学生退役士兵考录公务员优惠政策，出台加强全民国防教育、完善士兵优待安置的配套措施。扎实搞好平时征兵工作准备，认真做好兵役登记、大学生网上预征、直招士官、征兵宣传等工作，确保圆满完成年度征兵任务。2013 年 6 月，国务院、中央军委批准《关于调整征兵时间的实施方案》，把征兵时间由原来的冬季调整为夏秋季，对于提高兵员质量具有重要作用。

第五节　巩固和发展军政军民团结

军政军民团结是实现富国强军相统一的重要政治保障。我国革命、建设和改革的历史，就是一部军政军民团结史。无论过去、现在和将来，坚如磐石的军政军民团结，始终是我们战胜困难、夺取胜利的重要法宝。

◇　一、军政军民团结是我们特有的政治优势

坚强的军政军民团结，历来是我党我军的政治优势。拥军优属、拥政爱民，是广大军民在中国共产党领导下的一个伟大创造，是我们的优良传统，是密切军政军民关系、加强军政军民团结的基本途径。

我党我军自诞生之日起，就牢固树立"兵民乃胜利之本"的思想。井冈山时期提出并不断发展的三大纪律八项注意，既是严明军纪的律条，也开启了军政军民团结工作。长征途中，红军与各族人民群众生死与共，军政军民团结不断培育发展。抗日战争时期，面对日本帝国主义的疯狂侵略，陕甘宁边区军民为了战胜敌人、建设和巩固边区，创造性地开展了"拥军优抗、拥政爱民"运动。在毛泽东等老一辈无产阶级革命家倡导和推动下，这一运动在各抗日根据地蓬勃开展起来，极大地密切了军政军民关系，形成了军民同仇敌忾、共御外侮的生动局面，为最终赢得抗日战争的伟大胜利奠定了重要基础。解放战争时期，广大军民深入开展"双拥"活动，军民之间建立了深厚的革命情谊，仅淮海战役就动用民工540多万

人、担架 20 多万副、大小车辆 80 多万辆支前，将 4 亿多斤粮食和大量作战物资运往前线。陈毅曾深情地说：淮海战役的胜利，是人民群众用小车推出来的。在许多革命老区都流传着这样的歌谣："最后的一把米，送去当军粮；最后的一尺布，送去做军装；最后的老棉袄，送去盖伤员；最后的亲骨肉，送去上战场！"革命战争年代的烽火硝烟，密切了人民军队与人民群众的血肉联系，熔铸了坚不可摧的军政军民团结。

新中国成立初期，我军与地方各级党委政府和各族人民群众紧密团结，积极开展剿匪斗争，参加地方政权建设，进行农村土地改革，支援边疆发展生产，为恢复国民经济做出了重要贡献。抗美援朝战争期间，广大军民迅速掀起声势浩大的抗美援朝、保家卫国运动，各族人民热烈响应捐献飞机大炮的号召，踊跃捐款捐物，使志愿军备受鼓舞，夺取了抗美援朝战争的伟大胜利。进入社会主义建设时期，广大军民在党的领导下，同心协力、艰苦奋斗，战胜了一个又一个困难，共同捍卫了新生的人民政权，共同推进了新中国的建设发展。

改革开放 30 多年来，广大军民继承发扬"双拥"光荣传统，在经济建设主战场上通力协作，在捍卫国家主权、安全和维护社会稳定中密切配合，在社会主义精神文明建设中相互促进，在抵御各种风浪挑战、抗击各种自然灾害中并肩战斗，使军政军民团结更加巩固。面对改革开放和社会主义现代化建设的新形势，邓小平强调军民一致的原则不能变，并亲自倡导了军民共建社会主义精神文明和创建"双拥"模范城（县）活动。江泽民要求全国军民要像爱护眼睛一样爱护军政军民团结，在纪念"双拥"活动 60 周年时亲笔题词"弘扬双拥光荣传统、增强军政军民团结"。胡锦涛指出，军政军民团结是加强国防和军队建设的重要政治保证，也是促进经济发展和保持社会和谐稳定的重要政治基础。习近平明确指出，坚如磐石的军政军民关系是实现中国梦强军梦的政治基础，要弘扬拥政爱民、拥军优属的光荣传统，开展军民共建与和谐创建活动，巩固军政军民团结。新的时代条件下，我们必须大力继承和发扬我党我军光荣传统和优良作风，深入扎实地做好"双拥"共建工作，不断巩固和发展军政军民团结的大好局面，加快推进国防和军队现代化，为全面建成小康社会、实现中华民族伟大复兴，提供坚强有力的政治保证。

◇ 二、发挥军政军民团结的政治优势推进军民融合深度发展

推进军民融合深度发展，必须充分运用军政军民团结这一我党我军的政治优势，依托"双拥"共建这个平台，创新新方式，拓展新领域。

军民融合深度发展是党政军民必须共同做好的一篇大文章。做好"双拥"共建工作、巩固加强军政军民团结，不仅能够为实现党、国家和军队建设中心任务提供重要政治保障，凝聚广大军民投身强国强军实践的意志和力量，而且能够充分调动军地双方优势、整合军地双方资源，把发展社会生产力与提高部队战斗力有机结合起来，有力推进经济建设和国防建设协调发展，推动军民融合深度发展。

新形势下推进军民融合深度发展，对做好"双拥"共建工作、巩固加强军政军民团结也提出了新的要求。要紧紧围绕军民融合深度发展的战略思想来筹划部署工作，着眼调动军地两个方

面积极性，积极主动作为，切实把联系军地的桥梁纽带作用充分发挥出来，探索有利于推动军民深度融合的新思路新办法新举措。在工作实践上，要广泛开展科技拥军、智力拥军、文化拥军和社会化拥军等活动，充分利用地方高校、高新企业、科研院所等方面资源，积极支持部队新型军事人才培养、信息化基础设施建设、高新武器装备研发等，促进部队信息化建设水平和核心军事能力提升。在绩效评价上，要把推动军民融合深度发展作为检验"双拥"共建工作的重要着力点，作为"双拥"模范城（县）考评的重要内容，把军地是否共同受益、共同发展作为衡量军政军民团结的重要标准。通过扎实有效的工作，促进制约军民融合深度发展突出矛盾和问题的解决，实现军政军民共建共享、互利双赢。

▌ 本章小结 ▌···········

军民融合深度发展是党的军民结合战略思想的最新成果，是实现经济建设与国防建设协调发展的重大举措，为我国国防和军队建设紧跟世界军事发展趋势指明了新的发展路径。加强军民融合深度发展战略规划、体制机制建设、法规建设，着力发挥国家主导军民深度融合的制度优势。坚持经济建设贯彻国防和军事需求，加大重大基础设施和关键领域军民融合共享力度，加快建立和完善军民结合、寓军于民的武器装备科研生产体系、军队人才培养体系、军队保障体系、国防动员体系，提高国防后备力量建设质量，巩固和发展军政军民团结。

✎ 思 考 题

1. 在国防和军队现代化建设中，为什么要加快推进军民融合深度发展？

2. 除了本章所述的内容，你认为推进军民融合深度发展的领域还有哪些？

3. 结合工作实际，分析如何加强国防动员和后备力量质量建设？

增强全民国防观念
建设和巩固强大国防

"安而不忘危，存而不忘亡，治而不忘乱"。在中华民族伟大复兴的历史征程中，我们所肩负的任务更加艰巨繁重，所面临的安全问题更加复杂多变，必须时刻高度警惕国家被侵略、被颠覆、被分裂的危险，高度警惕改革发展稳定大局被破坏的危险，高度警惕中国特色社会主义发展进程被打断的危险。我们越是处在相对和平的环境，越是要保持居安思危的忧患意识，牢记"天下虽安、忘战必危"的古训。

国防教育是建设和巩固国防的基础，是提高全民素质、增强民族凝聚力的重要途径。普及和加强国防教育，是党和国家始终高度重视的一个战略问题，对于凝聚全民族的意志和力量，加强国防和军队现代化建设，推进中国特色社会主义事业，实现中华民族伟大复兴的中国梦，具有重要而深远的意义。我国仍处于可以大有作为的重要战略机遇期，国家安全形势保持总体稳定，但国家安全问题的综合性、复杂性、多变性趋势不断增强，对维护国家主权、安全和发展利益提出了新的要求，迫切需要从战略和全局的高度加大全民国防教育力度，强化广大干部群众的国家安全意识和忧患意识，营造关心支持国防和军队建设的良好氛围，增强我国的国防实力和民族凝聚力。

各级领导干部是坚持和发展中国特色社会主义的中坚和骨干，担负着参与领导和关心支持国防建设的重要责任。2011年，党中央、国务院、中央军委印发的《关于加强新形势下国防教育工作的意见》（以下简称《意见》）明确提出，要突出抓好各级领导干部的国防教育。各级领导干部要认真贯彻落实中央《意见》精神，带头接受国防教育，加强国防理论、国防知识、国防法规、国防历史、国家安全形势等方面内容的学习，提高国防观念和国防素养，增强履行国防职责的能力。要切实担负起组织领导全民国防教育的责任，积极筹划部署国防教育工作，自觉参加国防教育活动，及时研究解决工作中遇到的矛盾和问题，推动全民国防教育普及深入，使关心国防、热爱国防、建设国防、保卫国防成为全社会的思想共识和自觉行动。

建设巩固国防和强大军队，是全党全军全国各族人民共同的事业。我国革命、建设和改革的历史一再证明，我们的军队是人民的军队，我们的国防是全民的国防。我军来自于人民、为了人民，根基和血脉在人民。人民是历史的创造者，也是建设巩固国防和强大军队最深厚的力量源泉。革命战争年代，军队打胜仗，人民是靠山；和平建设时期，军队要发展，人民是后盾。始终同人民群众在一起，从人民群众中获取丰厚的营养、智慧和力量，国防和军队就会稳固而强大；离开了人民的拥护和支持，我军就会失去生存发展的深厚根基。无论武器装备怎样发展、战争形态怎样演变，人民战争都不会过时，兵民是胜利之本永远是颠扑不破的真理，战争伟力最深厚的根源永远存在于民众之中。这就决定了我国的国防和军队现代化建设必须以全民为主体，紧紧依靠人民，动员人民群众广泛参与。必须大力弘扬依靠人民建设军队、建设国防的优良传统，把全社会的力量凝聚起来，把各界群众的积极性充分调动起来，共同推进国防和军队现代化。

兵者，国之大事。国防是国家生存和发展的安全保障，人民军队是捍卫国家主权和安全、维护人民群众根本利益的钢铁长城。在新的历史起点上，全党全军全国各族人民紧密团结在以习近平同志为总书记的党中央周围，凝聚力量，开拓进取，攻坚克难，在推进全面建成小康社会进程中加快富国强军步伐，建设巩固国防和强大军队的战略任务就一定能够完成，中华民族期盼已久的中国梦强军梦就一定能够实现！

后 记

党的十八大从国家安全和发展战略全局出发，对加快推进国防和军队现代化作出了战略部署，提出要建设与我国国际地位相称、与国家安全和发展利益相适应的巩固国防和强大军队。为进一步帮助广大干部加深对国防和军队建设在中国特色社会主义事业总体布局中重要地位作用的认识，认清我国所处的安全环境和面临的严峻挑战，了解掌握国防和军事方面的知识，中央组织部组织编写了本书。

本书由解放军总政治部牵头，军事科学院编写，全国干部培训教材编审指导委员会审定。范长龙、许其亮审定本书编写方案。张阳任本书主编，贾廷安、刘成军、孙思敬任副主编，晏军、白锦锋、张常银、李辉、何雷、皮明勇、楼耀亮任编委。参加撰写的人员有：陈舟、庄国祥、马德宝、于淼、温冰、工淑梅、闫文虎、李明、释清仁、赵云、张露、李煜、吴开胜、杨富勇、李继东。参加本书审读的人员有：金一南、姜鲁鸣、孟祥青。在编写出版过程中，中央组织部干部教育局负责组织协调工作，总参谋部、总后勤部、总装备部、国家发展和改革委员会、国家国防科技工业局、人民出版社、党建读物出版社等单位给予了大力支持。在此，谨对所有给予本书帮助支持的单位和同志表示衷心感谢。

　　由于水平有限，书中难免有疏漏和错误之处，敬请广大读者对本书提出宝贵意见。

编　者

2015 年 1 月

《加快推进国防和军队现代化》

主　编：张　阳

副主编：贾廷安　刘成军　孙思敬

责任编辑：郝英明　刘海湘

封面设计：石笑梦

版式设计：周方亚

责任校对：郭　涛

图书在版编目（CIP）数据

加快推进国防和军队现代化 / 全国干部培训教材编审指导委员会组织编写 .
　－－北京：党建读物出版社：人民出版社，2015.2（2015.4 重印）

全国干部学习培训教材

ISBN 978 - 7 - 5099 - 0558 - 6

Ⅰ.①加…　Ⅱ.①全…　Ⅲ.①国防现代化 - 中国 - 干部培训 - 教材②军队
　建设 - 现代化建设 - 中国 - 干部培训 - 教材　Ⅳ.① E2

中国版本图书馆 CIP 数据核字（2014）第 221414 号

加快推进国防和军队现代化

JIAKUAI TUIJIN GUOFANG HE JUNDUI XIANDAIHUA

全国干部培训教材编审指导委员会组织编写

主　编·张　阳

党建读物出版社 人民出版社 出版发行

北京盛通印刷股份有限公司印刷　新华书店经销

2015 年 2 月第 1 版　2015 年 4 月第 3 次印刷
开本：710 毫米 × 1000 毫米　1/16　印张：14
字数：157 千字　印数：500,001 - 700,000 册

ISBN 978 - 7 - 5099 - 0558 - 6　定价：35.00 元

邮购地址 100706　北京市东城区隆福寺街 99 号
人民东方图书销售中心　电话（010）65250042　65289539

本书如有印装错误，可随时更换　电话：（010）58587660